MANUELA PIA

MAMMA SEPARATA
FIGLI FELICI

10 Segreti (e 8 Consigli) Per Vivere Felici
Con Un Nuovo Compagno e Della Psicologia
Farsene un Baffo

Titolo

"MAMMA SEPARATA FIGLI FELICI"

Autore

Manuela Pia

Editore

Bruno Editore

Sito internet

http://www.brunoeditore.it

Tutti i diritti sono riservati a norma di legge. Nessuna parte di questo libro può essere riprodotta con alcun mezzo senza l'autorizzazione scritta dell'Autore e dell'Editore. È espressamente vietato trasmettere ad altri il presente libro, né in formato cartaceo né elettronico, né per denaro né a titolo gratuito. Le strategie riportate in questo libro sono frutto di anni di studi e specializzazioni, quindi non è garantito il raggiungimento dei medesimi risultati di crescita personale o professionale. Il lettore si assume piena responsabilità delle proprie scelte, consapevole dei rischi connessi a qualsiasi forma di esercizio. Il libro ha esclusivamente scopo formativo. Tutti gli eventi raccontati sono vera vita vissuta, sono stati in alcuni casi cambiati i nomi e a volte i contesti per il rispetto della privacy delle persone coinvolte nella storia.

Sommario

Prefazione — pag. 5

Introduzione — pag. 10

Capitolo 1: La separazione e il rapporto con Giacomo — pag. 18

Capitolo 2: Come gestire una nuova relazione — pag. 40

Capitolo 3: Cosa ho imparato dalle psicologhe — pag. 56

Capitolo 4: L'incontro con Barbara — pag. 77

Capitolo 5: La svolta — pag. 92

Conclusione — pag. 103

Ringraziamenti — pag. 106

A mio padre, che da lassù mi vuole tutto il bene che quaggiù non ho saputo capire. Ti voglio bene papà.
A mio figlio, che quando mi è accanto riesce a far uscire il meglio di me, mi sa dare gioia al cuore e mi illumina il cammino.
Sei il mio tesoro.

Prefazione

Inizio con una domanda: cos'è per te la mamma di oggi?

Per me è un'eroina, perché sappiamo tutti quanto sia difficile essere madre negli anni 2000. Una volta eri mamma, moglie e basta. Adesso devi essere mamma, moglie o compagna, taxista, infermiera, mediatrice, lavorare tutto il giorno fuori casa e cinque ore a casa per seguire le faccende domestiche, i figli, badare ai genitori anziani, "smazzarti" spesso un capo insopportabile e maschilista, o peggio ancora, una "capa con i pantaloni". Hanno creato persino un nome per giustificare tutto ciò: *multitasking*. Qualcuno ci ha fatto credere che fosse un modo figo di vivere la vita: mille ruoli diversi in una giornata che è rimasta, dalla notte dei tempi, di sole 24 ore.

Francamente non capisco perché si colpevolizzino, alla luce della situazione attuale, le donne che, consapevolmente, decidono di non mettere al mondo dei figli privandosi dell'appellativo di "mamma".

E perché la società punti ancora il dito contro, scomodando frasi demodé da far rabbrividire anche mia nonna, che di anni ne ha ottantaquattro, ma ha capito che i tempi sono cambiati e non ha senso rimpiangere il passato o aggrapparsi a modelli superati.

Può non piacere, ma chi si ferma è perduto, chi guarda indietro sperando che le cose tornino come prima sta perdendo tempo, quindi, tanto vale vivere il presente al meglio cercando di capire cosa stia succedendo.

È la naturale evoluzione della storia e del genere umano, bellezza, mi verrebbe da dire.

E in questo spaccato di mondo odierno dobbiamo abituarci ai casi sempre più frequenti di mamme che non si trincerano più di fronte alla scusa, abusata delle loro madri e nonne: *"Sto insieme a mio marito solo per i figli. Faccio questo sacrificio per il bene della famiglia"*, ma scelgono con coraggio e consapevolezza di separarsi per poter essere (finalmente) se stesse, per riuscire a vivere la vita che si meritano (e non quella che altri hanno pensato per loro), per dare, ai figli, la versione migliore di sé.

È incredibile, è proprio come ha scritto Patrick Jake O' Rourke: *"Tutti vogliono salvare la terra- Nessuno vuole aiutare la mamma a lavare i piatti"*. Ancor più se ha deciso di separarsi. Invece di cercare di comprendere, è immensamente più comodo puntare il dito, guardare sempre all'altro, ma mai dentro se stessi, liberandosi da ogni responsabilità. Così, molte donne, temendo il giudizio della famiglia e dei fantomatici altri, rinunciano alla felicità, rimanendo in situazioni stantie, deleterie, rinchiuse in una vita sbiadita, replica di chi le ha precedute.

Questo non è il caso dell'autrice, che poteva benissimo continuare a vivere nella sua comfort zone, in una casa nella chiusa campagna piemontese, vicina ai suoceri, con un buon marito e il figlio piccolo, illudendosi di stare bene nella sua felicità ovattata.

Poi qualcosa accade, il classico fulmine a ciel sereno. Qualcosa si rompe, il vaso prezioso cade a terra, frantumandosi in mille pezzi. Quel che è rotto è rotto. Puoi anche incollarlo con dorature, ma non tornerà più come prima.

Così, viene fuori la vera Manuela, quella che si è stancata di vivere la vita preconfezionata da brava ragazza. La vita da moglie devota, nuora gentile che accetta tutto quanto decidono le persone intorno a lei.

È arrivato il momento di cambiare, di dare spazio alla Manuela autentica, anche se il nuovo cammino è disseminato di pianti, solitudine, tristezza, incomprensioni.

Ammettiamolo: non è facile essere madri separate, eterne equilibriste, che si barcamenano tra i "casini", gli imprevisti e le pressioni di ogni santo giorno, lavorando per l'indipendenza, portandosi addosso, giorno e notte, un mix di carico fisico e mentale veramente non da poco.

Ma l'autrice ce l'ha fatta e spiega, con esempi pratici e consigli, come sia possibile essere un'ottima madre che cresce figli felici, in una nuova situazione, mettendosi in gioco al 100%, senza più velature o forzature, donandosi autenticamente, senza nascondere le sue debolezze.

Perché diciamolo pure: la formula magica non esiste, esiste una donna che con pazienza e dolcezza, giorno dopo giorno, affronta le proprie paure, decide di circondarsi di persone che la capiscono e la valorizzano, lavora sulle sue emozioni, sul suo lato spirituale, arrivando a chiedere scusa al figlio per non avergli spiegato, a suo tempo, come sono andate realmente le cose al momento della separazione. Ammette i suoi errori e riparte, costruendo un nuovo rapporto destinato a evolversi e a cementificarsi sempre di più, riesce a scrollarsi di dosso i pianti, i pensieri negativi, l'abbattimento e il vittimismo, in nome dell'Amore, quello con la A maiuscola, che dà senza chiedere nulla in cambio.

E alla fine si riscopre una donna nuova, una mamma illuminata, diversa da molte madri, da quelle che riempiono di NON. Manuela diventa un'eroina della propria vita, che ha preso coraggiosamente in mano, per il bene di se stessa e di suo figlio, uscendo da vecchi stereotipi di un mondo destinato a scomparire...

Emma Travet
www.emmatravet.com

Introduzione

Io penso che nella vita in generale e nel rapporto genitori-figli sia necessario prendersi le proprie responsabilità. Non solo espressamente, dicendolo a voce alta, ma intimamente, nel nostro io segreto, perché i nostri figli ci osservano e ci ascoltano anche quando non ce ne accorgiamo. E molto di più di quanto crediamo.

Non dobbiamo dare colpe per mostrarci impeccabili ai loro occhi, ma uscire allo scoperto, perché loro non ci vogliono perfetti ma solo onesti. Loro vogliono le nostre esperienze, anche negative, vogliono sentirci raccontare, scoprirci e davvero, intensamente capirci.

Può sembrare un controsenso perché spesso siamo noi genitori e adulti a fare fatica a capire queste creature in formazione, ma questa è stata una delle chiavi che mi ha aiutato a dare una svolta, un po' alla volta, alla mia relazione con mio figlio Giacomo.
Ho imparato tante cose da ciò che ho vissuto.

Una di queste è che dobbiamo mantenere la nostra integrità. Dobbiamo rimanere nel nostro essere più puro, senza condizionamenti o forzature.

Lasciarci guidare anche un po' dall'istinto per certi versi, cosa che tra genitori e figli è naturale più di ogni altra.

Certo è che nei momenti di crisi questa naturale "connessione" è difficile da trovare perché si innescano tanti meccanismi che vanno a intralciare il tutto.

Le emozioni, per esempio: se siamo in un momento di disperazione infatti, come ho vissuto io, o anche solo stanchi e stressati, abbiamo meno potere su noi stessi e, di conseguenza, meno controllo sulle nostre emozioni.

A me è capitato e, nonostante mi definiscano una persona calma, vi assicuro che ho dovuto lottare con tutte le mie forze e ho dovuto riscoprire talenti che non conoscevo per ritrovare il mio Potere personale.

È dunque di fondamentale importanza riuscire a gestire le emozioni come desideriamo.

Insomma, non è d'aiuto scoppiare a piangere o urlare di rabbia in un momento difficile.

Tuttavia, quando non siamo più in equilibrio e in armonia, capita che si reagisca in questo modo e lì, in quei momenti, è difficile alzare la testa e trovare uno spiraglio di luce.

Questi comportamenti sono dati dal non sapere come fare, come comportarsi, che via seguire.

Per questo motivo servono tutta la nostra forza ed energia focalizzate su un unico punto, non darsi per vinti ed essere certi che prima o poi tutto andrà per il verso giusto, tutto si sistemerà.

Le nostre convinzioni possono cambiare la nostra vita. Ricordiamoci che i nostri risultati derivano dalle nostre azioni, le quali sono prima state pensate e ancor prima provate sotto forma di emozioni. Ma tutto ciò ha inizio dall'inconscio.

In pratica, se noi siamo convinti di una cosa, possiamo essere certi che questa accadrà.

Henry Ford diceva:" *Che tu creda di potere o non potere... avrai comunque ragione"*.

Quindi, perché riempirsi la testa di cose brutte e spiacevoli? Meglio pensare che le cose andranno sempre bene per noi, giusto? Già il fatto di preoccuparsi, se guardiamo all'etimologia della parola, "pre-occuparsi" significa occuparsi prima, cioè prima che una determinata cosa accada, io me ne sto già prendendo carico.
Che spreco di tempo! Non credete?

Nel mio cervello io sto pensando a cosa fare, come comportarmi nel caso in cui capitasse quell'evento in particolare, ma non è ancora successo nulla.
Dunque, questo significa intanto che non vivo bene il mio presente, perché lo impiego pensando a una cosa che neanche c'è e poi mi sto occupando di qualcosa che non è ancora accaduto.

Lasciamo almeno che succeda per potercene poi veramente occupare. O perlomeno facciamo di tutto, se è un evento spiacevole, perché non accada.
Avete mai notato che molte volte, quando abbiamo paura di qualcosa, poi è proprio quello che ci capita?

Questo si verifica perché il nostro pensiero è creativo e, poiché tutto passa attraverso l'inconscio, se inconsciamente noi abbiamo una paura, la proviamo proprio come un'emozione.

Dall'emozione si passa alla visione: ce la immaginiamo e vediamo nella nostra testa la cosa brutta, la scena o la situazione che ci fa paura proprio mentre ci sta capitando. Da qui, l'ultimo passaggio dopo il pensiero, è la creazione.

Il nostro pensiero crea e ci "materializza" esattamente quello che abbiamo pensato. Le cose con cui veniamo in contatto sono state tutte prima nei nostri pensieri.
Per questo io voglio pensare solo a cose belle e ho smesso di guardare film horror!
Voglio attrarre a me solamente persone, situazioni e momenti meravigliosi.

Quindi è molto interessante studiare il significato, l'etimologia della parola, le radici, vedere dove ci conducono i suffissi e i prefissi, perché spesso ci raccontano delle cose riguardo l'origine del vocabolo.

Proprio questa parola, "pre-occuparsi", rende bene l'idea: infatti noi ci occupiamo prima del tempo di ciò che ancora non è avvenuto.

Seguendo la logica di un bambino e pensando a quelli piccoli, non ancora influenzati troppo dall'ambiente familiare, scolastico, ecc..., un bambino in età prescolare, beh, penserebbe che siamo tutti pazzi.
Non credete? E direbbe: «ma perché dovete pensare e fare delle cose per qualcosa che ancora non è successo e soprattutto non si sa nemmeno se mai accadrà»? Che cosa assurda!

Mi capita di mettere in pratica questo esercizio e pensare con la logica dei bambini, quelli ancora innocenti, privi di retaggi e condizionamenti. A volte guardare il mondo con quegli occhi può essere molto utile e cambiare molto la prospettiva. Per quanto mi riguarda, sicuramente in positivo.

È qualcosa di strano, ma di molto vero. Lo so che farlo non è come dirlo e quando ci sono dei problemi siamo in automatico predisposti alla preoccupazione, alla tristezza e ai pensieri brutti.

Siamo umani, è naturale.

Ci sono passata anche io e so quanto sia difficile tirarsi su.

Quello che voi avete in mano adesso è un manuale d'istruzioni che avrei voluto avere io quando ne avevo bisogno.

Non c'era nessuno infatti che mi dicesse come dovevo fare, nessuno che mi suggerisse in che modo agire, nessuno che mi indicasse la strada. Ho dovuto occuparmi di tutto da sola e sono fiera di quello che ho fatto perché alla fine ci sono riuscita, però la strada è stata tutta in salita. È stata molto dura.

Quello che vi sto offrendo è veramente un gioiello, un diamante, ciò che di buono e di positivo è scaturito dalle mie esperienze, quindi, vi prego: leggetelo non solo con un sorriso, ma con la consapevolezza che forse qualcosa può portare anche nella vostra esperienza. Qualcosa di magico, se vogliamo, perché per me, arrivare dal punto in cui ero a quello dove mi trovo adesso è stata una magia: lenta, molto lenta, ma una magia.

Quindi il mio augurio è che possa essere così anche per voi.

E parlo della sua efficacia perché l'ho testato personalmente sulla mia pelle e sono andata per tentativi ed errori.

Ma cominciamo dall'inizio.

Capitolo 1:
La separazione e il rapporto con Giacomo

Prima ero una mamma che abitava tranquillamente in una casa di campagna, con annessi suoceri invadenti; lavoravo come supplente e, nel frattempo, cercavo di finire l'Università.

Vivevo in una sorta di "campana di vetro", perché se avevo bisogno di uscire la nonna era immediatamente disponibile, senza bisogno di alcun preavviso, anzi, era lei stessa a proporsi.

Tuttavia, in queste condizioni, non mi sono mai veramente goduta il mio bambino perché ero sempre assente. E, nonostante mi costi molto ammetterlo, sono costretta a farlo, perché questo libro passerà anche dalle mani di mio figlio e lui deve sapere che la mamma ha capito i propri errori.

Non c'ero mai a causa dell'Università, che mi costringeva fuori di casa anche per giorni interi. E quando invece ero presente, ci si rilassava e si usciva, ma spesso senza Giacomo.

Questo è un errore che non mi perdonerò mai e se potessi tornare indietro sarebbe la prima cosa che correggerei.

Mio marito lavorava da casa, quindi aveva la fortuna di vedere nostro figlio con maggior frequenza, ma la tendenza a uscire e lasciare il bambino con la nonna era presente anche in lui, che non sembrava neppure dispiacersene troppo, anzi. E io, nel frattempo, mi lasciavo cullare da quest'onda di accondiscendenza e di aiuto.

Poi, un giorno, successe. Mio marito venne da me e mi disse: «Ho bisogno di stare un po' da solo». Certo, tra di noi non è che le cose funzionassero così bene, ci eravamo a poco a poco allontanati e lui era sempre fuori durante il week-end e la sera, oltre il lavoro.

Aveva un hobby che gli occupava veramente tutto il tempo libero, per cui, se volevo stare con lui, dovevo condividere i weekend in mezzo a polvere e macchine, altrimenti l'alternativa era restare a casa da sola. Per un po' l'ho fatto e sono diventata la sua prima fan, poi però, dopo qualche tempo, ho iniziato a stancarmi, perché non avevo altre scelte possibili.

Insomma, se lui ci fosse stato almeno metà del tempo e l'altra metà l'avesse dedicata al suo sport, forse avremmo trovato un compromesso. Ma così non è stato, per cui ho cercato altre attività, come corsi di crescita personale e il teatro.

Eh sì, era una bella soddisfazione: avevo cominciato a frequentare corsi di recitazione, a fare spettacoli teatrali, facevo qualche comparsa per il cinema e la televisione. Cose piccole, certo, ma belle da condividere. Pensate che lui sia mai venuto a vedermi? Tre volte in tutto. Mentre io erano 16 anni che gli donavo i miei week-end.

Sì, perché è anche una questione di dare e ricevere, di tempo ed energia, che nell'amore non si dovrebbe contare, ma quando il flusso è univoco, è inevitabile che qualcosa si blocchi.
Il giorno in cui me ne andai lui mi accompagnò nella nuova casa e mi aiutò a spostare i mobili dal furgoncino che io avevo personalmente guidato e affittato.
Quella è stata l'ultima volta che ho avuto un contatto con il mio ex-marito. Quando finimmo mi guardò e disse: «Bene, adesso ti ho aiutato, quindi sei a posto. Non abbiamo più niente da dirci».

Io credevo di poter mantenere un rapporto civile e invece lui ha chiuso tutte le porte e io, a oggi, non riesco a parlargli normalmente come dovrebbero fare due genitori. Questo rappresenta un problema, perché noi abbiamo un figlio insieme e non si può chiudere tutto così.

È un atteggiamento veramente faticoso da tollerare, soprattutto pensando al bambino; inoltre, è difficile non parlarsi quando c'è di mezzo un figlio perché ci sono tante cose logistiche sulle quali confrontarsi e discutere per trovare un accordo.
Eppure noi ci riusciamo. Addirittura, per sapere a che ora e quale giorno devo occuparmi di nostro figlio Giacomo, io chiamo direttamente lui, senza passare attraverso il padre.

Da quel fatidico giorno, ecco il punto di rottura: me ne andai convinta di riuscire a mantenere comunque le cose in equilibrio e invece... il patatrac.
Descrivere quanto fossi disperata non è facile perché avevo raggiunto veramente il fondo, avevo toccato dei livelli di tristezza e solitudine, di paura e di abbandono, mai sperimentati prima.
Ero spaventata, non sapevo cosa fare. Non avevo idea di come

comportarmi. Mio figlio era arrabbiatissimo con me, non mi voleva neanche vedere. Con suo padre non riuscivo a parlare, non potevo neppure telefonargli perché mi staccava il telefono, non mi lasciava parlare o mi parlava sopra.

E io piangevo per questo, mi sentivo maltrattata. Quanti pianti ho fatto e quanti ne ho trattenuti perché volevo essere forte per mio figlio, ma non ci riuscivo. Non trovavo un appiglio, ed è lì che veramente si tocca con mano la disperazione, quando non hai più niente. Ero confusa perché non sapevo come fare per tornare ad avere un rapporto sereno con Giacomo.

E il nostro era stato un legame meraviglioso; spesso, quando eravamo soli durante il week-end, lui rimaneva con me e andavamo a fare sedute di meditazione insieme o corsi vari ed era bellissimo avere qualcosa da condividere. Poi lui, così piccolo, (aveva circa 10 anni) già immesso in questo mondo della spiritualità, era così recettivo che nel nostro gruppo veniva chiamato "Il Maestro", perché riusciva sempre a far rimanere tutti a bocca aperta con le sue considerazioni.
Andavamo al cinema insieme, io e lui, oppure ci mettevamo nel

lettone e guardavamo i film a casa. Era lui quello che veramente mi faceva compagnia nei momenti di solitudine.

Si era rotto qualcosa, si erano rotti tanti di quei pezzi che non sapevo nemmeno da che parte cominciare per ricomporre il tutto.
Quindi ero confusa perché lui mi aveva girato totalmente le spalle, era arrabbiato con me, mi rifiutava con pervicacia.
Non voleva stare con me nei giorni stabiliti, aveva sempre il muso, non riuscivo a parlargli. Appena iniziavo una conversazione lui subito: «No, stai zitta! Basta, lasciami stare»!, cominciando a urlare e io non riuscivo a calmarlo.

Per il quieto vivere, in quei momenti, stavo zitta.
Un semplice tocco, anche solo sfiorargli i capelli, lo faceva allontanare. Non voleva alcun contatto fisico con me.
Quei momenti sono stati davvero difficili e potete immaginare la mia confusione e quanto mi sentissi persa.
Per questo sono rimasta in ascolto di me stessa e soprattutto ho ascoltato lui, Giacomo, e piano piano, forse dal cielo, mi sono arrivate delle ispirazioni e ho imparato diversi stratagemmi.

Fare piccole cose, piccoli gesti dai quali traspaia tutto l'amore che proviamo per i figli. Possono apparire insignificanti ma devono essere essenziali. Ad esempio, Giacomo quando torna a casa da scuola, posa lo zaino, si toglie scarpe e calzini e si butta immediatamente sul divano, mentre aspetta che io prepari il pranzo.

Quello che io faccio è prendergli i piedi e massaggiarglieli. Si tratta di un gesto che ripetevo già quando era piccolo, un'abitudine che ha preso radici nel tempo. A lui piace molto, però voi potete scegliere una qualsiasi altra "coccola" che faccia piacere a vostro figlio e trasporla su di lui.

Conoscendo le sue preferenze, andate a cercare qualcosa che gli dia piacere e che lo faccia sentire al centro del vostro mondo. Il trucco è considerarlo come un eterno neonato, che ha tutte le nostre attenzioni, ma solo nel momento di quella coccola, di quel "vizietto".
Deve percepirsi il più importante di tutto, al punto da posticipare il pranzo di 10 minuti, o rinunciare alla nostra oretta di libertà personale per fare un gioco con lui.

Dovete ricercare qualcosa che ristabilisca un'intimità tra di voi, che vi leghi. Voi potete scegliere qualsiasi altro gesto, come pettinare i capelli, oppure tagliargli le unghie, anche se è grande.

Mio figlio a un certo punto, a 12 anni, mi ha chiesto di essere imboccato. Dunque, su questo ci sarebbe molto da disquisire, perché a 12 anni non è un gesto sano l'essere imboccati dalla mamma, ma se quel gesto è l'imbuto che mi fa passare attraverso il tunnel oscuro e mi porta alla stanza della luce, allora ben venga. E non è l'abitudine, ma solo l'interruttore che mi illumina la stanza.

Perché poi, nella routine quotidiana, quando tutto sarà ristabilito, ci saranno altri meccanismi; tuttavia, quando bisogna colmare dei vuoti, ogni cosa insignificante può avere una sua ragione d'essere. Ebbene, io l'ho imboccato e lui attraverso questo gesto ha recepito e ha ricevuto tutto il mio amore.

Sono azioni semplici, che qualcuno può anche considerare stupide, però i nostri figli hanno bisogno di sapere che noi siamo dediti completamente a loro, non per sempre, perché anche noi genitori abbiamo una vita, ma per quel momento lì, sì.

Per quei 10 minuti, un quarto d'ora, noi ci siamo, siamo presenti nel qui e ora e ci siamo per loro. Nient'altro cattura la nostra attenzione. Siamo focalizzati su di loro e abbiamo i paraocchi come i cavalli. E quei 10 minuti saranno quelli che vi daranno l'affidabilità per la vita. Loro sapranno che voi ci sarete sempre, per loro.

Quindi, trovate quella cosa che può far piacere ai vostri figli e agite: loro ne trarranno di sicuro giovamento. Anche se riceviamo rifiuti non bisogna demordere, mai. Mai lasciar perdere. Giacomo inizialmente scalciava con i piedi perché non voleva che lo toccassi, e addirittura mi urlava «Vai via»! ma poco per volta, a forza di tentativi molto discreti, ha iniziato a lasciarsi andare.

Non insistete mai! Se non va questa volta ci riproverete la prossima, ma loro intanto hanno visto il vostro gesto, hanno visto che vi siete avvicinati a loro.
Anche se vi mandano via, come faceva mio figlio con me, non importa, siate felici perché quel gesto vuol dire "mamma, papà, ti voglio bene" anche se lo dicono in una maniera che sembra

totalmente l'opposto.

Dobbiamo ricordarci che, anche se ci troviamo di fronte alla peggiore risposta, al peggior comportamento, in fondo c'è la richiesta di amore che loro, proprio perché sono istintivi e ancora non adulti, non riescono ad esprimere, a volte, in maniera coerente.

C'è tanta rabbia nascosta dietro quella richiesta d'amore da parte dei figli. Loro hanno tanto bisogno della mamma e del papà, dell'amore, della presenza, dell'essere supportati, del sentirsi protetti, con "le spalle coperte".
Anche se ricevete risposte seccate o addirittura indifferenza, continuate, continuate, continuate...

Ogni nostro gesto infatti, viene incamerato piano piano, e va a riempire quel vuoto che i nostri figli ci chiedono, in maniera a volte totalmente inappropriata, di colmare.
Ora è Giacomo a chiedermi di massaggiargli i piedi.

Un altro aspetto fondamentale è la pazienza. Dovete avere una pazienza infinita. La pazienza di sopportare i cambiamenti di

umore, soprattutto nel range d'età dell'adolescenza, (se ancora non ci siete, preparatevi ad avere in casa Dott. Jekyll e Mr. Hyde) di sopportare le crisi, le urla, le accuse.
Sì, le accuse, perché da parte di Giacomo me ne sono piovute addosso tante, lui mi ha attribuito tutte le colpe.

Abbiate pazienza, cercate di non arrabbiarvi. Lo so che è difficile, perché anche per me lo è stato, ma so per esperienza che è efficace, anche se arduo da attuare.
Dovete essere pazienti perché tutto quello che vi accade di negativo in quel momento, scemerà, si scioglierà come neve al sole.
Dovete avere la pazienza di ascoltare i vostri figli e, se non vogliono parlare, incalzateli ma non troppo, con tatto.

Bisogna dosare nella giusta maniera il trattenere e il lasciar andare.
Provate a far loro delle domande; Giacomo inizialmente mi ha negato la possibilità di capire, perché non ha mai voluto esprimersi e si chiudeva in se stesso, mi diceva: «Non voglio stare con te»! e io: «Ma perché»? e lui: «Perché no»! e non spiccicava

più parola, anzi si arrabbiava e urlava se io provavo ad approfondire.

Ma io ho avuto la pazienza di aspettare e tutto ciò mi ha ripagato. Aspettare che la rabbia se ne andasse, che io tornassi di nuovo padrona di me stessa, che tanti eventi seguissero il loro corso.

Si trattava ovviamente di rancore e risentimento per la situazione, rabbia nel sentirsi impotente di fronte a qualcosa che non gli piaceva e che non poteva cambiare.

Lo capisco: deve essere terribile. Deve essere terribile perdere un punto di riferimento come quello di un genitore, e probabilmente deve essersi sentito perso. La mia presenza a casa non c'era più e lui si è aggrappato a ciò che di concreto aveva: la casa vera e propria, e ciò che le gravitava intorno, papà e nonni.

Ecco quindi il motivo per cui ha sempre fatto così fatica a venire via e chiedeva proprio di stare del tempo a casa. Ancora oggi, quando Giacomo parla di casa del padre, non dice casa di papà, ma casa nostra. Anche se ormai si divide tra le due abitazioni, quando ne parla con me, lui lo fa come fosse casa nostra perché ormai quello è un punto di riferimento, qualcosa di sicuro.

Ora, finalmente, siamo tornati a chiacchierare e piano piano ha incominciato ad aprirsi con me, anche se il lavoro da fare è ancora molto.

Ha acquisito dimestichezza con gli spazi nuovi e ha creato delle nuove abitudini. È questione di tempo, quindi siate pazienti, aspettate.

Una qualità di cui dovete armarvi è la dolcezza. Siate dolci, sempre.

Cercate di essere gentili anche quando ricevete insulti. Rispondete con un sorriso. Provate a non alzare mai troppo la voce e a non urlare in modo isterico. Se dovete proprio farlo, alzate il tono senza farvi prendere dalla rabbia.

E lo dico perché è un errore che io ho commesso ed è bruttissimo perché in quei momenti, quando mi arrabbiavo così tanto, Giacomo vedeva che perdevo totalmente il controllo, ed era proprio così, io stessa mi sentivo un piccolo veliero in bàlia della tempesta.

Questa sensazione è molto negativa, i vostri figli non devono percepire che voi non avete il controllo su voi stessi.

Poi, il pianto liberatorio, quando siamo soli, ci sta tutto perché altrimenti scoppieremmo, ma questo punto è importantissimo, loro devono vedervi una roccia, il loro punto fermo.

E se vi sfugge il controllo avete perso un sacco di punti, quindi è fondamentale che vi vedano capaci di gestire le vostre emozioni, soprattutto quelle negative, come la rabbia.

E ricordatevi che con il vostro atteggiamento state gettando le fondamenta per la loro futura risposta ai guai.

Non ci rendiamo conto di quanti comportamenti non siano del tutto nostri ma acquisiti dai nostri avi, genitori o nonni o qualsiasi persona abbia in qualche modo partecipato alla nostra crescita.

Io mi sono accorta solo da adulta che determinate reazioni di stizza le avevo ereditate da mio padre, tendenzialmente molto nervoso e con il vizio di obiettare sempre su tutto.

Anche se la situazione non lo richiedeva, mi ritrovavo a rispondere in maniera scocciata, quasi arrabbiata e solo tramite un'attenta autoanalisi sono riuscita ad individuare quell'atteggiamento, ma alcune volte mi rendo conto che si ripropone.

Perciò, sempre per amore dei vostri figli, cercate di guardarvi dentro e prendere coscienza di voi stessi e delle vostre reazioni.

Si dice che tutti noi abbiamo il nostro bambino interiore.

Se ci ricordiamo la verità principale, cioè che siamo degni d'amore, riusciamo a far crescere i nostri bambini (quelli fisici e quelli interiori) in maniera incondizionata.

Se non ci giudichiamo, potremo amare di più noi stessi e far arrivare questo amore incondizionato anche ai nostri figli.

È questo quello che dovrebbe accadere naturalmente, ma noi ci complichiamo molto la vita. Noi umani siamo molto bravi in questo. Come diceva Louse Hay: *"Dobbiamo rimanere vicini al nostro bambino interiore e incoraggiare i nostri figli ad esserlo anche loro."*

È molto importante essere aperti con i bambini perché se lo facciamo, loro lo saranno a loro volta con noi. Dobbiamo mantenere i canali aperti se vogliamo avere una buona relazione.

Soprattutto durante l'adolescenza, i genitori dicono spesso ai figli:

non fare questo, non esprimerti così, guarda che se fai quello non va bene... ecc... ma dobbiamo fare attenzione a dosare bene le parole perché tutti questi NON, possono far sì che loro smettano di comunicare e si mostrino come noi vogliamo vederli.

E, in questo caso, vi posso parlare per esperienza diretta di figlia.
Io ero proprio una ragazza di questo tipo: i miei genitori, soprattutto dall'età dell'adolescenza in poi, avevano cominciato a riempirmi di NON: non uscire troppo, non rientrare tardi la sera, non avere un certo atteggiamento, non è consono. Non è consono indossare un certo tipo di abiti, non è consono accompagnarti con un determinato tipo di persone, non, non, non.

Tutti questi divieti mi hanno portato a essere l'automa che i miei genitori volevano. Quindi, di fronte a loro, eseguivo alla lettera e cercavo di essere esattamente la figlia che loro avrebbero voluto e avevo il terrore di disattendere le loro aspettative.
Ero la ragazza che andava in chiesa tutte le domeniche perché la mamma lo richiedeva, che faceva la catechista anche controvoglia, visto che era ritenuto necessario perché era importante per costruirsi una reputazione.

Con questo, non voglio dire che non siano cose buone e giuste, anzi, le apprezzo molto.
Semplicemente, in quel momento non mi appartenevano, ma io le facevo comunque per accontentare gli altri.
Mi sono ritrovata a essere ciò che gli altri volevano, ciò che avevano pensato per me, senza in realtà ascoltare me stessa.

Sono andata avanti anni non rendendomi conto di questo, del fatto che stessi vivendo una vita che non era la mia, costruita per me da altri. Mi sono sposata perché era giusto farlo, perché i genitori volevano così (pur essendomi sposata per amore, forse se avessi avuto libertà di decisione, avrei posticipato o magari, chissà, evitato il matrimonio), sono andata all'università spinta dalla altrui volontà, sono andata a vivere nella casa che gli altri avevano deciso per me, insomma mi sono lasciata costruire dagli altri.

Ad un certo punto della mia vita, però, mi sono guardata dentro e mi sono detta: ma cosa sto facendo?
Questo è stato il frutto di un'acquisizione di consapevolezza notevole.

Allora, ho dato un tocco nuovo alla mia vita ed ecco la separazione e un susseguirsi di altre cose, come lo smettere di fare ciò che non era mio e intraprendere una strada che finalmente ero io a scegliere.

Ho deciso di interrompere quell'università che mi trascinavo da anni e non aveva senso continuare e ho iniziato, finalmente, ad avere un mio ruolo nel mondo.
Fino a quel momento ero stata un'eterna studentessa e avere la possibilità di rappresentare una figura importante, come quella dell'insegnante, ha innalzato molto il mio livello di autostima.
È determinante avere un ruolo sociale, per definirsi rispetto agli altri.

Tutto questo per dire che la mia storia ha origine dal fatto che io sono stata una ragazzina piena di NON.
Le vie di comunicazione erano serrate, non riuscivo a dialogare con i miei genitori perché qualsiasi cosa avessi istintivamente desiderio di fare era fuori dai loro canoni, mi facevano sentire sbagliata rispetto a ciò che auspicavano per me. Quindi, a un certo punto, ho smesso di essere me stessa con loro e ho iniziato a

esserlo solo con le persone di cui più mi fidavo, che erano veramente poche. Ho indossato una maschera di facciata che era quella della brava ragazza, quella che loro volevano.
Facendo ciò, però, io continuavo a coprire la vera me stessa, senza nemmeno accorgermene.

Ma, a un tratto, la vera Manuela ha iniziato a sgomitare ed è venuta fuori emergendo in maniera prepotente e io ho dovuto darle ascolto, altrimenti sarebbe rimasto in me un senso di insoddisfazione, di vuoto che mi avrebbe divorato.
Insomma, è un po' come la vocazione per i preti, se la sentono e c'è poco da spiegare.

Per me è stato lo stesso, sentivo dentro di me che c'era qualcosa che non andava, che stavo cercando qualcosa di più, qualcosa di diverso, che volevo cambiare. È stato come uno scossone, sentire che c'era qualcosa che voleva uscire e alla quale ho dovuto dare ascolto, altrimenti avrei continuato a vivere una vita mediocre e infelice. Magari rimanendo nella mia zona di comfort, tranquilla e al sicuro, però triste.

Invece, con molte difficoltà, Manuela è uscita per andare incontro a una vita vera e, anche se attraverso molta sofferenza e ostacoli, felice e piena.

Vi racconto questo per darvi la mia testimonianza di quante strade la vita mi abbia costretto a percorrere per poi arrivare comunque dove doveva.

Lasciate i vostri figli liberi di essere e li vedrete volare.

Capita che quando i figli sono grandi non chiamino nemmeno più i genitori, ma questo succede perché le vie di comunicazione sono state interrotte già molto tempo prima.

Dobbiamo invece permettere che seguano la loro strada e si sentano liberi di comunicare per vederli così come sono.

Quindi, evitiamo di volgere sempre tutte le situazioni in negativo e cerchiamo di non porre divieti (nel limite del possibile ovviamente) ma di stabilire insieme a loro delle regole sugli stili di vita che tutti sono tenuti a rispettare. Lo stesso concetto, spiegato in maniera diversa, sortisce un effetto differente.

Se dico a mio figlio che non deve fumare perché fa male e guai se lo trovo con una sigaretta in mano, prima o poi lui lo farà lo stesso, anche solo per il piacere di trasgredire, e fumerà di nascosto per la paura delle conseguenze, dei rimproveri.

Se io invece gli spiego che è una pessima abitudine, che è malsano, può condurre a malattie gravi e anche alla morte, gli faccio degli esempi, anche di persone conosciute, probabilmente proverà lo stesso, ma porterà con sé la consapevolezza di tutto ciò che gli ho spiegato e saprà che non sta trasgredendo alcuna regola ma si sta facendo del male con le sue stesse mani.
Non cambia così il concetto?

Questi sono i gradini di partenza dai quali si salgono le scalinate dei vizi e degli errori. I due casi sono entrambi rappresentativi del primo scalino ma, nel primo, la condizione verrà probabilmente reiterata solo per sperimentare l'ebrezza del proibito, mentre nel secondo forse basterà poco per tornare con i piedi per terra.

RIEPILOGO DEL CAPITOLO 1:

SEGRETO n. 1: Cercate qualcosa che vi permetta di entrare in contatto con i vostri figli, attraverso gesti conosciuti che diano sicurezza.

SEGRETO n. 2: Abbiate pazienza. Aspettate che i vostri figli si aprano a voi per poter avere l'occasione giusta in cui voi vi sentite nella condizione migliore.

SEGRETO n. 3: Mantenete il controllo ricordandovi che la dolcezza vi può aiutare.

- Consiglio n. 1: Mantenete la vostra integrità. Siate presenti nel qui e ora.
- Consiglio n. 2: Ricordatevi che nelle relazioni umane dovete dare qualcosa agli altri e non solo ricevere, anche semplicemente a livello di energia, altrimenti il flusso si blocca.
- Consiglio n. 3: Amate di più voi stessi, non giudicatevi per poter amare di più i vostri figli.
- Consiglio n. 4: Mantenete le vie di comunicazione aperte con i vostri figli. Non date loro troppe restrizioni ma lasciateli liberi di pensare e di fare e vedrete che "le confidenze" arriveranno da sole.

Capitolo 2:
Come gestire una nuova relazione

Così arriva questa nuova relazione: Francesco, che conosco a un corso di teatro. Restiamo amici per 1 anno e mezzo e iniziamo a confidarci gradualmente. Io gli racconto delle mie difficoltà con mio marito e lui mi ascolta.

Capita che gli telefoni anche nel bel mezzo della notte piangendo, perché mio marito non c'è e mi sento sola.
È così tranquillo mentre mi ascolta, così disinteressato…anche se più avanti mi confesserà di non esserlo stato realmente, però io in quei momenti neanche immaginavo!

Dal momento in cui lascio la casa del mio ex-marito, iniziamo a frequentarci in maniera diversa, però questa relazione appare da subito problematica.
Problematica perché lui mi pretende, mi vuole a tutti i costi, in ogni momento, e questo va a cozzare contro tutto ciò che riguarda

l'argomento figli.

La relazione tra me e Francesco è stata subito travolgente, coinvolgente, passionale: amore, baci e voglia di stare insieme.
Si è trattato, per certi versi, di un rapporto quasi adolescenziale, perché vissuto al massimo delle sue potenzialità, con la testa un po' tra le nuvole, come accade appunto tra adolescenti. Un attaccamento molto forte, che si potrebbe definire addirittura eccessivo e questo, come le tutte cose condotte all'estremo, sbilanciava la relazione e ci portava spesso a litigare.

A un certo punto accade che una persona nella mia stessa situazione mi chieda consiglio su come comportarsi con la figlia, avendo anche lei grossi problemi dopo la separazione.
Si tratta di un'infermiera, Luisa, che lavorava nel reparto dove era ricoverato il mio papà, a quei tempi malato terminale.
Chiacchierando, mi espone preoccupata il suo problema, perché crede di aver perso il controllo, soprattutto in presenza del nuovo compagno.
Così le racconto le mie esperienze, quando ero completamente sola e non sapevo come cavarmela.

E, come l'ho detto a lei, così lo dico a voi.

Non fate percepire ai vostri figli che il vostro compagno ha potere su di voi. Dovete far vedere loro, anche se litigate, anche se c'è una qualsiasi discussione, che questa persona, arrivata da poco, nuova, che si è inserita nel vostro rapporto, non ha il potere di cambiarne la gestione, il vostro ménage e, soprattutto, non ha la capacità di farvi cambiare umore e di mutare l'energia in casa vostra.

È un aspetto fondamentale perché tutto ciò si ricollega al vostro Potere Personale, a quanto i vostri figli si sentano al sicuro con voi e vi possano considerare la roccia alla quale aggrapparsi.
Se vi percepiscono deboli nei confronti di un "estraneo", allora avranno dei dubbi sulla vostra fermezza.
Tutto accade a livello inconscio, ma è da lì che passa ogni cosa.

Anche questo è stato un errore che ho commesso. Ancora scossa da tutto ciò che la separazione appena avvenuta aveva comportato, permettevo che Francesco, preso da mille problemi anche lui, mi telefonasse ogni minuto e mi urlasse contro la sua rabbia in presenza di Giacomo.

In un clima già turbato da un avvenimento, sicuramente traumatico, vi assicuro che avere una persona che si intromette in questo modo nella vostra vita è fortemente debilitante, sia fisicamente che mentalmente. Infatti, io uscivo da quelle telefonate sconfitta e debole, e, anche se facevo finta che non fosse successo niente, Giacomo si accorgeva di tutto.

Dobbiamo essere allora forti e centrati su noi stessi, per riuscire a fare muro contro tutte le intenzioni negative che possiamo trovare nel nostro percorso.
Dobbiamo emettere vibrazioni positive, giuste, di fermezza. E, per farlo, dobbiamo avere un nostro equilibrio interiore.
È necessario essere molto chiari con il vostro compagno e, se avete qualcosa di cui discutere, fatelo in un momento in cui i vostri figli non sono presenti.
Lo so che sembra un consiglio banale, ma è veramente importante per avere un'energia diversa, per tornare piano piano, all'armonia.
Dovete far vedere ai vostri figli che voi avete sempre la situazione in mano.

Anche se non sapete dove sbattere la testa, anche se siete disperati, fingete; e, a forza di fingere, lo sarete davvero. Garantito.

Mettetevi nei panni della persona sicura di sé e con tutte le risposte e vedrete che qualcosa arriverà.
Giocate come i bambini a "far finta di" e fin quando lo farete, lo sarete veramente.
Soprattutto con i bambini, non abbiate paura di usare questo stratagemma, loro sono immersi continuamente in questo mondo. Quando giocano, inventano mille storie e si immedesimano in personaggi diversi, quindi perché non potremmo farlo anche noi adulti?

Io sono un'insegnante e, all'inizio della mia carriera, a causa della mia timidezza, mi imbarazzava il solo pensiero di dover parlare davanti a una classe intera.
Non sapevo come trattenere l'attenzione degli studenti, senza che questi cominciassero a parlare e farsi gli affari loro.

Così, una sera prima dell'inizio della scuola, mi sono immaginata

(perché avevo davvero paura!) di essere davanti alla classe a parlare con un tono adeguato, senza che mi si riducesse la voce a un filo (cosa che mi succedeva sempre in pubblico) e spiegare la mia lezione con tutta l'attenzione degli alunni.
Beh, non ci crederete ma ha funzionato. Non solo sono riuscita a spiegare bene la mia lezione, ma addirittura i bambini interagivano con me e chiedevano spiegazioni, curiosi di approfondire l'argomento.

E poi, mano a mano che tutto ciò si ripeteva, io acquistavo sempre maggiore fiducia in me stessa e anche maggior abilità.
Perciò, per questo dovete fingere, anche quando non sapete proprio come fare, per poi arrivare a un punto in cui ci siete davvero.
È difficile, soprattutto quando tutto sembra crollarci addosso e non troviamo nessuno spunto da cui cominciare, ma potete farcela e dovete dare questa sensazione di sicurezza ai vostri figli.

Quindi pescate dentro voi stessi, trovate il meglio e non abbiate paura di dare delle risposte, non entrate nel panico quando i vostri figli vi chiedono qualcosa, perché le risposte ce le avete tutte già dentro, dovete solo cercarle.

Una cosa da tenere a mente è quella di mettere dei paletti, soprattutto all'inizio. Con i vostri figli, ma soprattutto con il vostro compagno. Io, agli esordi della nostra storia, non ho quasi mai permesso a Francesco di essere con me nei giorni in cui c'era Giacomo, mio figlio.
Non perché non volessi farli interagire, anzi, questa è una cosa molto importante, ma perché volevo ristabilire il rapporto tra me e mio figlio.
Ed è molto più difficile, non dico impossibile, se c'è una persona esterna che si inserisce nelle dinamiche familiari.

Se volete facilitarvi le cose, soprattutto quando dovete ricreare un equilibrio, è importante darvi dei tempi solo vostri.
Quindi, stare solamente voi e i vostri figli per abituarvi alla nuova situazione, alla nuova casa, ai nuovi modi di vivere che saranno diversi da quelli che avevate quando eravate tutti insieme.
La separazione è già uno stress notevole, se c'è anche una persona che si inserisce nel contesto familiare senza avere un minimo di radici, ecco che si andrà ad accumulare ulteriore stress.

È ovvio che questa non sarà una condizione permanente, ma avrà tempi variabili, a seconda di come i vostri figli riescono a metabolizzare la nuova situazione.

Introducete il vostro compagno poco alla volta, organizzate prima delle uscite tutti insieme per poi portarlo gradualmente in casa con voi.

Prima però prendetevi tutto il tempo per stare solo voi, insieme. Cercate di ritrovarvi, anche rimanendo senza fare nulla, semplicemente la vita domestica, ma usate questo tempo come collante.

Il mio caso è particolarmente intricato; mio figlio ha un carattere per niente facile e io, solo dopo un anno e mezzo, sono riuscita a far capire a Francesco che avevo bisogno di questi momenti e, a mio figlio, a far digerire l'idea che nella mia vita ci potesse essere un'altra persona.

Ci vuole costanza ma voi non demordete, continuate a spiegare le vostre ragioni, con dolcezza e fermezza, sia al vostro compagno che ai vostri figli. *Repetita juvant.*

Una cosa che mi sento di dirvi è questa: evitate scontri fra compagno e figli.

Lui (o lei) non è il padre (o la madre) del bambino, quindi non permettetegli di sentenziare su come dovrebbero comportarsi i vostri figli, su quanto poco siano educati, su quanto tempo usino il cellulare...

Non consentitegli di arrabbiarsi al posto vostro perché voi siete il genitore e anche questo vi restituisce Potere agli occhi dei vostri figli.

Questo era ciò che succedeva alla mia amica Luisa, l'infermiera, la quale aveva una figlia adolescente e un compagno senza figli propri, che si arrabbiava molto per il comportamento della ragazza; ciò era motivo di litigio tra la coppia, ma anche di dissapori tra la mamma e la figlia, che si vedeva ripresa da un uomo al quale non si sentiva per nulla legata.

Con lei ho discusso molto proprio di questo argomento ed è capitato che mi chiedesse aiuto, che mi domandasse come mi sarei comportata io in quel genere di situazione.

Ebbene, ditelo in maniera gentile, senza litigare o se necessario anche litigando, ma questo è fondamentale.

Anche se lui ha figli e potrebbe parlare per esperienza o per comparazione, non permetteteglielo.

Non consentitegli, soprattutto in presenza dei vostri figli, di esprimersi in maniera negativa su di loro, o di fare le veci del genitore.

Questo è qualcosa che potrebbe anche accadere, ma solo quando si è instaurata un certo tipo di armonia, una sintonia tra tutti i membri e si è praticamente ricreata una nuova famiglia con la presenza anche del vostro compagno.

Succede nelle famiglie allargate, quando tutte le parti e i ruoli sono consolidati, ma nei primi tempi, in cui tutto è ancora da testare, assolutamente no.

Quando si è appena passati dal tornado, bisogna stare molto attenti a quali pezzi toccare per rimettere la casa a posto senza che crolli del tutto!

Io non sono una psicologa, quindi non cito testi o fonti sulle quali ho passato ore di studio.

Ma ciò che mi fa parlare con sicurezza è quello che ho attraversato.

Francesco faceva spesso commenti sul comportamento di Giacomo, per fortuna non di fronte a lui, ma si arrabbiava molto.
Su cose come il non aver salutato o aver fatto un capriccio.
E tutto ciò diventava anche argomento di discussione nei nostri litigi. Quello che facevo era cercare di sviare, di non rispondere perché in quel momento gli animi erano accesi.
Ma è d'obbligo riprendere il discorso e ribadire le nostre ragioni.
Dovete far capire che non è ammessa alcun tipo di intromissione in questo senso.

Una cosa utile nel mio caso è stata quella di suddividere i tempi.
È fondamentale fare in modo che non si senta escluso né il vostro compagno né i vostri figli.
Soprattutto all'inizio, quando l'equilibrio e l'armonia non sono proprio al punto giusto, il fatto di stare più con uno che con l'altro potrebbe essere problematico per le due relazioni.

Io, ad esempio, all'inizio non riuscivo a stare con entrambi.
Nei momenti in cui Giacomo era con me, non potevo far rimanere anche Francesco perché non si era appunto creata quell'armonia che ci avrebbe permesso di rimanere insieme come una bella

famiglia allargata.

Questo perché io in quel momento non riuscivo a gestire tutto insieme, la nuova relazione e il figlio, per me era problematico.

Nel momento in cui c'erano Giacomo e Francesco insieme, Giacomo cominciava a fare musi lunghi, rispondeva a monosillabi, si chiudeva molto. Quindi, visto il bisogno di ristabilire il contatto, la connessione, il rapporto con lui, quei momenti non mi aiutavano per niente, anzi mi facevano fare passi indietro.

Per questo ho chiesto a Francesco, ma è stato duro farglielo capire, di avere spazi miei da sola con Giacomo.

Così ho preferito suddividere le persone e i momenti per poter far crescere il rapporto con entrambi, per rafforzare le due relazioni.

Bisogna che parliate chiaro al vostro compagno, dicendo che forse sarà solo una cosa momentanea, però è necessario fargli capire che quello è il tempo che voi dedicate ai figli e di conseguenza non potete dedicare a lui.

Poi ci saranno occasioni in cui voi parlerete ai figli e spiegherete loro che anche la mamma ha una vita propria, quindi ci sarà la

cena, la serata, magari la domenica... tempi dedicati al vostro compagno in cui i figli non ci sono.
È come vivere da fidanzati per un bel periodo. Ma è necessario.

È ovvio che se non c'è nessun ostacolo nello stare insieme, allora tutto quello che vi dico è vano, perché il problema evidentemente non si pone neppure. Ma nel momento in cui ci sono dei disagi, allora questo è un metodo utile: dedicare del tempo (di qualità preferibilmente) e che sia solo loro, a entrambi.

In questo "gioco" è necessario cercare di fare in modo che nessuno si senta un "estraneo", perché a me succedeva ad esempio che, nei momenti in cui stavo con Giacomo, il mio compagno Francesco mi dicesse: «tu pensi solo a lui, con me non vuoi stare, perché non stiamo tutti insieme»? senza quindi comprendere la mia tendenza a lasciarlo da parte quando c'era Giacomo e connotarla invece proprio come un'esclusione.

Quindi spiegate bene le vostre ragioni e armatevi di molta pazienza perché il più delle volte non capiranno! Dovrete ripetere e discutere e spiegare i concetti mille e mille volte... perché per loro una cosa così non è concepibile.

Vi diranno: «Io ti amo, perché dobbiamo stare separati»? o magari: «Abbiamo dei figli, facciamoli stare insieme». Oppure: «Io non piaccio a tuo figlio, lo so, ecco perché fa così».

Fino a quando vi sentirete dire queste frasi, sappiate che non hanno capito niente.

Spiegategli che non è una scelta di esclusione ma, al contrario, un modo per creare un graduale ingresso nel vostro nucleo familiare. È un percorso che dovete fare tutti, quindi per arrivare alla meta, bisogna passare da questa parte, che prevede l'esclusione momentanea.

Se è necessario ribadite anche che la colpa non è sua, ma del vostro rapporto con vostro figlio; io questo l'ho detto a Francesco. Il motivo alla base di tutto era che io non riuscivo ancora ad avere un legame equilibrato con Giacomo e, di conseguenza, non avevo la capacità di impormi come mamma e proporgli la mia scelta a livello emotivo, sentimentale.

Lui la rifiutava di riflesso, anche se non c'era mai stato alcuno scontro tra loro due; era un moto di ribellione rivolto a me, ma che comprendeva per forza di cose anche lui.

Quindi la situazione è momentanea e si verifica semplicemente quando i vostri figli sono presenti, perché per voi è troppo difficile gestire la situazione con entrambi.

Dovete spiegare molto bene a entrambe le parti come stanno le cose. Armatevi di pazienza perché vi verrà la barba bianca. Anche alle donne.

RIEPILOGO DEL CAPITOLO 2:

SEGRETO n. 4: Riappropriatevi del vostro Potere Personale.

SEGRETO n. 5: Mettete dei paletti e dedicate del tempo solo ai vostri figli senza il vostro compagno.

SEGRETO n. 6: Mettete in chiaro i ruoli. Non permettete che il vostro compagno faccia rimostranze sull'educazione dei vostri figli. Sì a consigli e suggerimenti, No a imposizioni rabbiose.

SEGRETO n. 7: Cercate di suddividere i tempi nel miglior modo possibile spiegando a entrambi (partner e figli) le vostre necessità.

- Consiglio n. 5: Cercate il vostro equilibrio e siate sicuri di voi.

Capitolo 3:
Cosa ho imparato dalle psicologhe

Abbiamo iniziato ad andare dalle psicologhe a seguito di un evento. Mentre era a scuola, un giorno del suo primo anno delle medie, a Giacomo è venuto un attacco di panico.

Stava bevendo dell'acqua da una bottiglietta di plastica e ha iniziato a non riuscire più a deglutire, si sentiva la gola chiusa e ha cominciato a sentirsi soffocare.

Sono intervenuti l'ambulanza e l'elisoccorso perché la situazione si presentava abbastanza grave.

Ci siamo spaventati tutti quanti molto e poi per fortuna al pronto soccorso ci hanno comunicato che non era nulla, era solo un attacco di panico.

Da quel momento io ho richiesto, anche se il padre non era molto d'accordo, di avere un supporto psicologico.

Era già da tempo che sentivo l'esigenza di un aiuto esterno da parte di persone competenti, ma non avevo motivazioni concrete

per far valere la mia idea e quell'episodio mi ha aiutato a ottenere ciò che cercavo.
Il padre a quel punto non ha più potuto opporre repliche.
Così ci hanno dato un numero da chiamare al quale ha risposto una segreteria e da lì ci hanno contattati per il primo appuntamento.

Ci siamo ritrovati di fronte due psicologhe, una che poi ha seguito noi due genitori insieme, e l'altra soltanto Giacomo.
Io non credo che gli psicologi non servano a nulla e si debba assolutamente evitarli, anzi fanno il loro lavoro e menomale che ci sono, perché per molti versi sono utili; ma, per quanto riguarda il mio personale rapporto di mamma con mio figlio Giacomo, non posso dire che il loro intervento sia servito a molto.

Giacomo entrava, stava tre quarti d'ora, e a tutt'ora non so che cosa succedesse in quella stanza, né cosa venisse fuori da quei colloqui.
Anche perché quando usciva era più arrabbiato di prima, quindi a prima vista sembrava che quegli incontri facessero più male che bene.

Siamo andati avanti un anno e mezzo e non ho mai saputo nulla di nulla, né da parte di Giacomo, che non mi ha mai raccontato (ma neanche me l'aspettavo), ma soprattutto da parte della psicologa, che si è sempre rifiutata di comunicare su questo fronte.
Non si è preoccupata neppure di illustrarmi i miglioramenti, le evoluzioni, i momenti di stasi... Niente, io non sapevo nulla.

Per me questo era un grosso problema anche perché nessuno ti dà il libretto di istruzioni in questi casi e di solito si va dallo psicologo per un aiuto, per trovare qualcuno che ti dica "come fare per" o comunque quale strada imboccare.
Lo psicologo dovrebbe essere quello che ti dà assistenza e anche sicurezza per certi versi.

Ebbene, di tutto ciò io non ho trovato nulla, anzi quando chiedevo aiuto mi veniva risposto in maniera scocciata.
Per quanto riguarda me, la parte psicologica è stata utile solamente per avere un incontro e un colloquio con il mio ex-marito, che altrimenti si rifiutava di parlarmi e di incontrarmi.
Con i colloqui invece, era obbligato a essere presente per me e per suo figlio per quei tre quarti d'ora ogni quindici giorni.

Inizialmente l'approccio è stato addirittura quasi di scontro, perché la psicologa che seguiva noi genitori mi guardava un po' "dall'alto in basso".

Io in quel periodo ero molto emotiva e, soltanto il fatto di trovarmi a fianco del mio ex marito per tre quarti d'ora e dover raccontare di noi e di Giacomo, mi metteva molto in difficoltà.

E io piangevo, piangevo, piangevo di continuo e non riuscivo a trattenermi. Ed era terribile perché, per quanto mi sforzassi, non riuscivo a bloccare i singhiozzi che mi uscivano e mi scuotevano a tal punto da non riuscire neanche più a parlare.

Vi assicuro che è veramente umiliante.

Soprattutto di fronte a persone che quasi ti deridono.

Il mio ex marito mi guardava sprezzante e mi diceva: «Cosa credi, pensi di farmi pena? Non mi fai pena».

La psicologa invece, che era quella che avrebbe dovuto cercare di aiutare, dato il suo ruolo, cominciava a pronunciare degli «Ehm», «Ahm», «Signora» e mi richiamava come se si rivolgesse a qualcuno incapace di intendere e di volere.

Non era in grado di offrire un minimo di conforto, comprensione o anche solo indifferenza, giusto per far restare l'ago della bilancia a metà. No, niente di tutto questo.

Ricevevo degli sguardi scocciati (e ci mancava solo lo sbuffo finale) con dei brevi commenti, quali: «Quando si riprende possiamo andare avanti».

Si trattava di un atteggiamento che mi faceva sentire del tutto inadeguata, anche perché poi mi venivano poste domande su come mi relazionassi con Giacomo e questa mia forte emotività veniva interpretata come un fatto negativo.

Eh già, io ero troppo emotiva e secondo la psicologa di fronte a Giacomo non avrei dovuto piangere.

Beh, con una separazione appena avvenuta e con tutte le conseguenze che ne sono derivate in seguito, sfiderei chiunque a non piangere.

Poi, se devo dire la verità, ho pianto di più proprio durante quegli incontri e quando ero da sola, che di fronte a mio figlio.

La psicologa con il suo atteggiamento di superiorità mi chiedeva: «Lei ha pianto di fronte al bambino»? E io rispondevo: «Sì, sarà successo una volta, forse due». Lei, con un tono da maestra che ammoniva la scolaretta indisciplinata, mi diceva: «Eh no, questo non dovrebbe succedere».

Mentre il padre sfoggiava la sua sicurezza, che poi in realtà non aveva, con bei sorrisi e belle battute che portavano la signora al di là della scrivania a ribattere anche lei con un sorriso: «Ma signor papà, com'è simpatico! Ha sempre questa verve ironica!»; io soffrivo per la mia impotenza di fronte a una situazione che non riuscivo a gestire e per la mia debolezza emotiva.

In questo modo si creava una situazione di complicità che formava come una bolla in cui erano presenti solo loro due, mentre io rimanevo lì, esclusa.
Quindi, neppure Giacomo veniva messo nelle condizioni di provare a capire la situazione o invogliato a stare più tempo con la madre, a smorzare quella rabbia che veniva invece alimentata giorno dopo giorno.

Le cose andavano così: semplicemente loro prendevano atto della mia fragilità e della presunta forza invece del padre. Presunta perché la situazione non stava affatto in questo modo, ma era ed è solo apparenza, anche se in quei momenti quello che si vedeva era altro.

Quindi, potete immaginare la situazione: io che chiedevo aiuto e, una volta, mi sono addirittura rivolta in maniera furtiva alla psicologa, perché lei si rifiutava di parlare a noi singolarmente e comunicava solo se eravamo entrambi presenti.
Così, mi sono ritrovata a bloccarla tra un corridoio e l'altro in un momento in cui il mio ex-marito non c'era, dicendo che da parte della famiglia del padre io venivo denigrata, sapevo che si parlava male di me, sapevo che veniva fatta un'operazione di convincimento, di lavaggio del cervello in senso negativo su Giacomo.

Nonostante i forti dinieghi da parte del padre su questo argomento, io sapevo che la nonna gli parlava in continuazione di quello che io avevo o non avevo fatto, delle mie mancanze, ponendo l'accento solo su di me e mai sul padre.
Non era una situazione di equilibrio quella raccontata, ma si puntava il dito e si addossavano tutte le responsabilità su di me, deresponsabilizzando completamente il padre.

Lo sentivo in modo molto forte e lo percepivo anche dagli atteggiamenti di Giacomo.

Arrivata a questo punto, non sapendo dove trovare qualcuno che mi desse sostegno, chiesi aiuto alla psicologa che ci seguiva.
La sua risposta, tra l'altro data in maniera molto fredda e distaccata, dopo aver ascoltato impazientemente in quel mezzo minuto e guardando l'orologio mille volte, fu: «Signora, a parte che questo non è il momento perché io ho altri appuntamenti, si rivolga a un avvocato, noi non ci occupiamo di questo».

Mi sono fatta tante domande sulla qualità del "servizio" che ci veniva offerto, sull'identità professionale e morale delle persone che ce lo fornivano, ma le risposte che mi sono data non mi hanno soddisfatta né aiutata.

Penso che forse non mi abbia detto nulla di sbagliato, che probabilmente era la verità il fatto che loro non si occupassero di ciò che gli stavo dicendo (che riguardava in pieno l'argomento per cui stavamo andando lì, non gli ho raccontato di focacce e minigonne) ma l'atteggiamento con il quale mi veniva risposto, beh, proprio non era consono né rispettoso.

Io penso che sia dovere di una persona qualsiasi, a maggior ragione di chi di mestiere fa lo psicologo, aiutare chi è in difficoltà, dare una mano a chi ne ha bisogno se si ha la possibilità e non lasciarlo sprofondare nei suoi problemi o anzi, addirittura deriderlo.

Dopo questa risposta io ho perso tutta la fiducia in quello che poteva essere un aiuto esterno e professionale.

Quindi, con questa storia, voglio suggerire di non avere aspettative, nemmeno nei confronti del personale specializzato, al quale avevo chiesto aiuto perché mi trovavo in un pantano dal quale non riuscivo a uscire.

Non è detto tuttavia che debba essere per tutti così; io ho fatto un percorso che è andato in questa maniera, ma il concetto di non avere aspettative è qualcosa di utile anche per ciò che sembra "andare a gonfie vele".

La mia esperienza è questa e la componente psicologica, invece di aiutarmi, mi ha buttato ancora più a terra, quindi mi sono detta:

«ho capito, su questo non posso fare affidamento, ma ho bisogno di sapere come fare e mi serve aiuto, è necessario procedere e andare avanti».

Ecco, in quel momento mi è crollato addosso non proprio il mondo, ma quel piccolo muro (molto fragile) che nel frattempo avevo costruito. Insomma, se non potevo ricevere aiuto da una psicologa, che per lavoro faceva questo, ovvero aiutare le persone in difficoltà, allora a chi potevo chiederlo?

In loro (le due psicologhe) avevo riposto grandi aspettative, perché erano le uniche che avevano messo a tacere per un po' le accuse che mi provenivano da parte di tutti e si erano messe in ascolto per capire il problema ed eventualmente risolverlo.

Ma quell'esperienza mi ha riportato di nuovo giù, a boccheggiare come un povero pesciolino fuor d'acqua, senza appigli e senza sapere che fare e ho realizzato veramente che il rimedio a qualsiasi problema deve venire da noi, dobbiamo essere noi i veri artefici delle nostre soluzioni. Con tutti gli aiuti possibili, se vengono da soli, ma senza aspettarci niente da nessuno.

Devo quasi ringraziare chi mi ha trattato "a pesci in faccia" perché ha fatto emergere da dentro di me ciò che neanche sapevo di possedere e mi ha portato a uscire da quello stato in maniera vittoriosa.

Per questo posso dirvi: non abbiate aspettative. Nei confronti di nessuno. Né degli psicologi, né dell'altro genitore, né dei nonni, né della scuola. Nei confronti di nessuno, perché soprattutto all'inizio, quando la situazione è molto intricata, tutti sono contro tutti e ognuno rema contro l'altro.

Non aspettatevi un aiuto neppure dal compagno che avete accanto perché il rischio è che si crei un meccanismo che collude con il vostro problema e ciò non è corretto, né nei confronti del vostro compagno, e neanche dei vostri figli. Quindi cercate di essere voi ad agire solo con le vostre forze.

Chiedere aiuto è senz'altro legittimo e doveroso, tuttavia, non riponete tutte le vostre speranze di risoluzione dei problemi nelle mani di qualcun altro. Solo il fatto di avere aspettative ci porta a essere in attesa e, quando la persona che è il nostro oggetto di richiesta di aiuto le disattende, abbiamo molto poco a cui appigliarci perché era esattamente quello che ci dava forza.

Ma se proprio la persona su cui facevamo affidamento non ci dà ciò che vogliamo?
Chiedete sempre aiuto a chi vi ispira fiducia, a quelli che vi vogliono e vi possono aiutare. A chiunque volete vi dia una mano, ma non abbiate aspettative. Mai.
Per qualunque cosa, non abbiate aspettative. Chiedete e lasciate andare e vedrete che tutto quello che arriverà sarà un regalo.

Io, come sempre, parlo per esperienza, perché mio figlio, proprio all'inizio della mia vita da separata, aveva comportamenti a volte maleducati, a volte un po' troppo sopra le righe, mi rispondeva quasi da sbruffone e io chiedevo aiuto al padre perché credevo di poter fare lavoro di squadra, ma mi sbagliavo.

«Ma fatti rispettare, no? Se non sei capace a farti obbedire da tuo figlio... A me obbedisce». Questa poteva essere una delle risposte quando esponevo la mia situazione e ho ricevuto tanti di quei "due di picche" da parte del padre che proprio per questo ho capito che se volevo ottenere dei risultati dovevo farlo con le mie forze.

Perciò ho preso in mano le redini della mia vita e di quella di Giacomo, perché quando viene riscoperto il Potere dentro di Sé, l'esterno non ha più alcuna influenza.
A quel punto, se volevo che le cose andassero come volevo io, c'era solo una persona che poteva fare qualcosa, e quella persona ero io.
Perché, ancora non lo sapevo, il Potere è sempre dentro di noi.

Lo dice anche la PNL (Programmazione Neuro Linguistica): tutti, dentro di noi, abbiamo ogni risorsa necessaria per affrontare qualsiasi sfida della vita.

E le disavventure che ci capitano sono proporzionali alla forza dentro di noi.
Una bella prospettiva da cui vedere una brutta esperienza, no?
Se mi capitano cose molto negative, vuol dire che io sono molto forte.

E allora, mi sono detta: lo faccio. E allora provo. Provo a vedere come va facendo così oppure in un'altra maniera.
Quindi ho imparato, provando e riprovando.

Una cosa di cui mi sono accorta, durante l'intero periodo di "training" post separazione, è che più voi avrete la sicurezza del vostro rapporto e del vostro compagno, più i vostri figli percepiranno e accetteranno senza problemi la nuova relazione.

Questo posso affermarlo per esperienza diretta, perché inizialmente il legame con il mio compagno è stato molto problematico per vari motivi e, di conseguenza, le difficoltà si ripercuotevano su Giacomo, che ne risentiva molto e il suo comportamento di riflesso era di ribellione e rifiuto.

Diventava nervoso quando doveva avere a che fare con il mio compagno, oppure si chiudeva in se stesso o mi esprimeva molto chiaramente la sua disapprovazione e non accettazione di questo rapporto perché inconsciamente percepiva tutte le tensioni che c'erano. E insieme i miei dubbi e le mie insicurezze.

Dal momento in cui ho cominciato a uscire allo scoperto nella mia relazione, non mi sono più nascosta e ho chiarito la posizione di Francesco nei miei confronti, e quindi gli ho dato un ruolo, c'è stato un cambiamento anche da parte di Giacomo nel suo porsi verso il mio compagno.

È diventato piacevole stare insieme, senza più muri né barriere, tutto è sembrato sciogliersi come neve al sole. Si chiacchierava e discuteva naturalmente. Ricordo una sera in cui Giacomo era con me e Francesco tornò a casa dal lavoro. In quel periodo Giacomo era fissato con i giochi di carte e di magia, e tutto felice, appena Francesco entrò in casa, iniziò a fargli vedere i suoi trucchi e a coinvolgerlo nei suoi giochi.
Quello è stato un momento molto bello, di gioia e ho sentito che tutto fluiva, scorreva senza intoppi.

Mi sono resa conto che lo scoglio maggiore ero io, il mio modo di pormi e di sentire.
Una volta superati il dubbio e l'insicurezza, è stato tutto più facile e per questo affermo che spesso i problemi maggiori, anche quelli grandi, ce li creiamo noi.

Anche se in realtà sembra che sia responsabilità altrui, come nel mio caso, quando mi arrabbiavo tanto nel vedere le reazioni avverse di Giacomo, dettate dalla sua irascibilità e irrazionalità.

Tutto è sembrato dissolversi nel momento in cui ho iniziato a cambiare, perché quando cambiamo noi, muta anche il mondo che ci circonda.

Io ero l'artefice di tutti i miei problemi, ma non potevo capirlo nel momento in cui lo stavo vivendo, perché era un'esperienza che dovevo fare. Dal momento in cui ho acquisito ciò che dovevo e ho capito, non c'è stato più nessuno strascico, nessuna conseguenza negativa.

Perciò, cercate di guardare al di là delle apparenze, di andare molto a fondo, alla radice delle cose.

Io adesso posso parlare a posteriori e quindi tirare le somme di quest'esperienza, ma prima, nel momento in cui la stavo vivendo, neanche potevo immaginare che la soluzione sarebbe stata questa, cioè quella di cambiare io.

Anzi mi sentivo arrabbiata, vittima e succube degli eventi.

Ora invece posso dire che IO sono il fulcro di tutto ciò che mi accade.

Un'altra cosa che ho imparato è stata questa: per tutto il periodo successivo alla separazione, fino ad un certo punto, circa un paio d'anni, io mi sono rapportata a mio figlio sempre con un animo e una sensazione di "difetto".

Quando mi avvicinavo a lui, mi sentivo colpevole per tutto ciò che era avvenuto, quello che gli avevo fatto passare in seguito alla separazione. Vivevo perennemente con questo senso di colpa e lui lo percepiva.

Così abbiamo trascorso periodi in cui sembrava quasi che ci fossimo scambiati i ruoli, o peggio: lui era molto sgarbato con me e a volte persino prepotente. E pretenzioso.
Diventava come un bambino tiranno: al suo chiedere scocciato c'era una corsa a soddisfare la richiesta.
Era lui che aveva me in pugno e mi sgridava a suo piacimento se c'era qualcosa che non andava. E io la bambinetta che chiedeva scusa se qualcosa non era come lui voleva.
Io non ho mai replicato, sono sempre stata zitta proprio perché mi sentivo in colpa nei suoi confronti.

Per me era un "dovere" servirlo e riverirlo proprio perché glielo dovevo, perché io ero stata la causa della sua sofferenza, perché io ero stata la mamma cattiva che gli aveva snaturato la famiglia.
Era una situazione squilibrata e paradossale.

L'amore di un genitore può essere così forte da risultare accecante e noi genitori per amore dei figli siamo disposti a qualsiasi cosa e commettiamo a volte anche degli errori.
Errori non voluti, inconsapevoli, sperando di fare bene, sperando di strappare loro un sorriso.

Per me, vedere quella sua felicità effimera nell'avere sempre le mie attenzioni, era una gioia; non mi rendevo conto che in realtà non stavo facendo né il suo bene, né tantomeno il mio.
In quei momenti la sua gioia per delle minime cose per me era tutto, visto che non riuscivo a dargli altro.

Mi accontentavo dunque di quella felicità.

Tutto ciò era anche amplificato dal fatto che per me il tempo con mio figlio era preziosissimo e siccome lui, soprattutto inizialmente, faceva forti obiezioni ogni volta che dovevamo stare insieme, un singolo secondo era oro e per questo quando era con me avevo una paura terribile che mi chiedesse di tornare dal papà.

Quando invece ho cominciato a capire che tutte le idee che mi frullavano in testa non erano giuste, ma solo retaggi di inutili sensi di colpa, le cose hanno cominciato a cambiare. Io sono cambiata.

Ho iniziato a immaginare che non mi sarei rattristata se lui mi avesse chiesto di tornare dal papà, ho provato a pensare come mi sarei comportata se lui non fosse stato mio figlio ma un ragazzino qualunque.

Ho smesso di assecondare i capricci di Giacomo, di sostenere quel bagaglio emotivo che mi portavo sulle spalle.

Non ho più pensato di essere in difetto, ma una mamma qualunque che sta cercando di crescere il suo bambino nel modo più amorevole possibile.

Piano piano, cambiando io, come sempre, è cambiato anche lui. E se ne sono andati i toni pretenziosi, prepotenti e arrabbiati.

Non del tutto, perché ogni tanto un po' ritornano, (l'adolescenza incombe) ma la situazione è decisamente migliorata, e quando succede, riesco a smorzarli con la giusta autorevolezza.

Anche perché è stato Giacomo a cambiare un po' la visione delle cose: se non voleva stare con me, alla fine era lui che si privava del tempo con la mamma.

Mentre prima era lui che mi faceva un favore stando insieme a me, ora la prospettiva è mutata: se io non vado, mi faccio un dispetto da solo, perché sono io che resto senza mia mamma e quindi sono io che ci perdo.

Tutto ciò per dirvi quanto può influenzare la vostra visione, il vostro modo di essere sulla vostra vita. In maniera integrale.

RIEPILOGO DEL CAPITOLO 3:

SEGRETO n. 8: Chiedete aiuto senza avere aspettative.

- Consiglio n. 6: Riscoprite il vostro Potere Personale.
- Consiglio n. 7: Fate chiarezza per essere sicuri di voi stessi e delle vostre scelte. Senza più dubbi, i vostri figli le accetteranno con più facilità.
- Consiglio n. 8: Eliminate i sensi di colpa. Non servono né a voi né ai vostri figli.

Capitolo 4:
L'incontro con Barbara

E poi l'incontro con Barbara. Una persona che ha totalmente cambiato la mia visione del mondo, il mio universo in quel momento. Mi ha aiutata tantissimo, è stata la persona che nella maniera più disinteressata mi ha dato l'aiuto più importante.

Barbara è una ragazza che ha un centro estetico ed io mi ci ritrovo per caso. Ma il caso non esiste, di questo potete esser certi.
Ci capito tramite una serie di passaggi che cominciano dal mio dentista, il quale a seguito del mio problema di deglutizione, (ebbene sì, ho ancora la deglutizione infantile!) mi consiglia di andare da un osteopata.
Comincio qualche seduta con esercizi posturali e di deglutizione e lui mi suggerisce a sua volta delle sedute di pilates in una palestra lì vicino.

Nella saletta d'attesa di quella piccola palestra vedo un libro il cui

titolo già mi incuriosisce, però non lo tocco, lo lascio lì perché tanto era quasi il mio turno per la seduta e non avrei avuto nemmeno il tempo di sfogliarlo, di dargli un'occhiata.
Solo più avanti avrei scoperto che quel libro era stato scritto dalla stessa donna che avrebbe portato un cambiamento nella mia vita.

Quando finisco l'ora dedicata a me, ritorno nello spogliatoio e mi capitano sotto gli occhi dei volantini, sui quali c'è scritto, tra le altre cose, "Riflessologia Plantare".
A me questa "disciplina" ha sempre incuriosito, quindi ne prendo uno e lo metto in borsa.
Chiedo poi alla ragazza che mi fa fare gli esercizi informazioni sul posto dove fanno la riflessologia citata nel volantino e lei mi risponde che è proprio dietro l'angolo, due minuti a piedi.

Oh, perfetto! Ci vado e da quando metto piede dentro questo Centro, è come se fossi investita da ondate di energia positiva che mi permeano un po' di più ogni volta che entro.
La mia vita cambia, un po' alla volta ma in ogni senso, perché ho incontrato una ragazza che mi ha dato, tramite la riflessologia plantare, di continuo spunti nuovi e diversi.

Insieme, attraverso i miei piedi, questa ragazza sentiva i nodi che c'erano, le cose che non funzionavano.

Sia a livello fisico che emotivo, lei mi chiedeva: che cosa è successo in questo frangente? E io le rispondevo, le raccontavo come mi stessi sentendo in quel momento.
Intanto era bellissimo che lei mi chiedesse e avesse voglia di ascoltarmi, e poi la cosa ancor più bella era che mi dava dei consigli veri. Mi offriva indicazioni su come fare, idee, proposte.
Lei vedeva la situazione dall'esterno e aveva dunque una prospettiva diversa.
Analizzavamo le questioni che si proponevano in base ai miei racconti e attraverso i miei piedi, e ciò che mi dava un minimo di conforto era che lei rimaneva basita di fronte al comportamento delle psicologhe.

Per me era già un grande passo che condividesse il mio pensiero, cosa che non riuscivo a trovare da nessuno perché in quel momento nessuno veramente mi ascoltava e si prendeva a cuore la mia situazione.

E poi, per ogni nodo che si sviluppava con Giacomo, andavo da lei a raccontarglielo e lei piano piano, me lo scioglieva. Fisicamente, con le sue mani, quindi andava ad agire sui miei piedi, e poi emotivamente con le sue parole, i suoi consigli, i suoi sorrisi e le sue parole buone per me.

E quella era la cosa di cui avevo più bisogno nella maniera più assoluta, era quello che io cercavo: una persona disinteressata, dalla cui bocca uscissero parole intelligenti, consigli veri, utili.
In base a come andavano le cose, mi aiutava a prendere la strada giusta, a sceglierne una diversa rispetto a quella precedente se prima era andata male.

Un giorno, lo ricordo molto bene, mi disse: «Giacomo è apatico con te, (il suo modo era questo, apatico e indifferente quando non era irriverente) quindi stupiscilo»!.
È uno dei segreti che io scrivo in questo libro perché era un consiglio che lei ha dato a me ed è stato meraviglioso.
Sorprendete i vostri figli. Preparate loro qualcosa che non si aspettano. Un piatto cucinato bene, un'uscita particolare, qualcosa di voi che non conoscono e che faccia dire loro: «Ah però,

mamma/papà... non credevo che fosse così». Stupiteli, fate in modo che vi guardino da una prospettiva diversa rispetto alla solita.

«Stupiscilo» mi disse. «Trova qualcosa che sai che a lui può piacere, portatelo via, fagli una sorpresa, vallo a prendere prima a scuola, portalo a fare qualcosa che lo possa far rimanere senza fiato, senza parole».

Ebbene, io seguii quel consiglio. La mia situazione era veramente tragica, il suo suggerimento era difficile da mettere in pratica perché lui in quel periodo faceva soltanto quello che diceva papà.
Quindi, se papà non gli diceva di venire da mamma, lui non veniva (anche se mamma glielo ripeteva più volte).
Era legato molto all'approvazione del padre e alle regole in quel contesto. Se c'era qualcosa al di fuori di ciò che diceva il papà, lui rimaneva spiazzato. Probabilmente era un modo per avere sicurezza.
Nel mio caso è stato proprio un uscire fuori dagli schemi, è stato qualcosa di forte. Ebbene, io l'ho fatto.
La reazione ve la posso raccontare.

Sono andata a prenderlo un quarto d'ora prima a scuola, il bidello lo va a chiamare e dopo 3 minuti torna indietro e mi dice: «Signora non vuole scendere perché suo papà non lo sa».
Io rispondo: «Si, effettivamente il papà non lo sa ma il giorno prima mi ha sbattuto il telefono in faccia dicendomi di non chiamarlo più, quindi come faccio ad avvisarlo che Giacomo lo prendo un quarto d'ora prima»?

Dopodiché scende la professoressa insieme a lui e mi ribadisce il concetto, dicendomi anche che per portarlo via prima, avrei dovuto firmare un foglio.
Io rispondo che certamente, l'avrei firmato, sono la madre. Ho gli stessi diritti e le stesse responsabilità del padre nei confronti di mio figlio.
Però sembrava quasi, da come si stava mettendo la situazione, che non fosse così.
Ad ogni modo c'era anche Giacomo che faceva l'arrabbiato e diceva: «No, non voglio venire con te, non vengo assolutamente, devo chiamare papà, devo sentirlo al telefono».

Io in quel momento ero emotivamente molto fragile, quindi non riuscivo a regolare le mie emozioni. Scoppio a piangere mentre mio figlio continua a essere scontroso e a rifiutarsi di venire con me.

In quel momento esce la vicepreside, prende Giacomo, lo porta nella segreteria e gli dice: «va bene, adesso telefona a papà». Lui chiama e il padre dice di sì.

Poi esce, sempre molto arrabbiato e io lo prego: «Dai Giacomo vieni, ho parcheggiato al posto del pulmino, se non facciamo in fretta verranno a chiamarci».
Ma lui comunque continua a non voler venire.
Insomma, è stato un tira e molla terribile, perché io continuavo a singhiozzare di fronte a Giacomo, il bidello, la professoressa e la vicepreside.
La quale, povera donna, presa dalla situazione, mi venne anche ad abbracciare e a consolare mentre stavo piangendo.

Proprio qualche giorno prima ero andata a raccontare la situazione in cui stavamo vivendo, dicendo che Giacomo era "pilotato" dalla famiglia del papà e per questo aveva un'avversione nei miei confronti, non voleva stare con me.

Di conseguenza non ricevevo gli avvisi scolastici perché li leggevano loro e non me li facevano avere, per cui avevo lasciato il mio numero per avere anche io notizie tramite la scuola.

Dopo tutto ciò riusciamo ad uscire, Giacomo entra in macchina e rimane sempre arrabbiato per tutto il viaggio.
Mi chiede: «Ma dove andiamo? Dove mi porti»?
E io: «Ti porto in un posto dove ci sarà una sorpresa».
«Ma quale sorpresa»?
«È un gioco» rispondo io.

E in effetti io ero andata a cercare quella mattina, nell'ora libera, che cosa potevo fare di sorprendente con lui.
Visto che a lui piacciono molto i giochi logici, i labirinti (lui stesso li inventa) e tutto ciò che presuppone un ragionamento, avevo trovato un gioco da fare insieme, di squadra.
Era un modo per rafforzare il nostro legame, che era molto squilibrato e pensavo fosse utile allo scopo.
Si trattava di un gioco, ideato direi in maniera magistrale, e realmente molto divertente.

Si viene rinchiusi in una stanza che assomiglia alla cella di una prigione, infatti alle spalle si trova la porta d'ingresso e di fronte ci sono le sbarre.

Una volta entrati si rimane chiusi dentro e per uscire bisogna risolvere tutta una serie di enigmi e indovinelli che vengono via via proposti da un monitor.

Vengono dati degli indizi per trovare delle cose nella stanza. È come un filo che corre, un percorso che bisogna fare, ogni suggerimento porta al successivo per poter poi uscire dalla stanza e arrivare da un'altra parte, dove ci saranno altri indizi che condurranno a risolvere l'enigma.

È molto carino, c'è un'ora di tempo entro la quale bisogna concludere e alla fine anche una classifica.

Ovviamente è tutto fatto in sicurezza e nel caso di bisogno si può uscire quando si vuole.

È qualcosa di mentale, perché bisogna pensare e risolvere tutti gli indovinelli, ma è allo stesso tempo reale perché si è davvero lì dentro e si deve andare a cercare il modo per uscirne.

Lo consiglio davvero come rafforzamento di un gruppo o di una squadra perché è fatto in modo tale che le persone, per riuscire

nell'intento, debbano per forza cooperare e darsi da fare insieme.
Bisogna avere o crearsi un certo feeling per riuscire ad avanzare, altrimenti si rimane fermi.
Questo è stato davvero un aiuto importante per me.

Giacomo è entrato un po' ancora arrabbiato, però quando abbiamo cominciato a giocare è stata di nuovo alchimia, di nuovo equilibrio, di nuovo armonia tra di noi.
È stato bellissimo perché quel gioco, nel quale dovevamo mettere insieme le forze, le idee, ci ha permesso di unirci nell'avere un unico scopo, un unico fine e questa unione, oltre che ludica, è stata anche a livello spirituale, emotivo.
Nuove vibrazioni si sono create e sono scorse tra di noi.
È stato divertente ma soprattutto utilissimo ai fini del nostro rapporto.
Per quell'ora noi siamo stati di nuovo mamma e figlio, una cosa sola, una cosa unica come eravamo quando lui era ancora nella pancia.
È questo che intendo quando vi invito a stupire i vostri figli e vi dico di trovare un aiuto, una persona che vi sia davvero di supporto.

E non deve per forza essere lo psicologo.

Per me è stata Barbara, la ragazza della riflessologia plantare, che mi ha aiutata in maniera decisiva e non finirò mai di ringraziare; per voi può essere chiunque: la callista, la parrucchiera, la commessa, la vicina sotto casa, la collega, magari la vecchina che è da sola e ha bisogno di condividere le sue esperienze, chi lo sa…insomma qualunque persona abbia un minimo di empatia, abbia voglia di ascoltarvi, abbia voglia di dare un pochino di se stessa a voi per aiutarvi.
Vi auguro che possiate trovare la persona giusta anche voi. E tutto ciò è veramente una manna dal cielo, una benedizione.

Una cosa che ho imparato da tutta la mia storia è che è importante delegare il meno possibile. Ovviamente per ciò che riguarda i figli.
Io ci sono molto di più per Giacomo adesso che siamo separati, rispetto a prima.
Con la scusa che c'era la nonna sempre disponibile infatti, io mi lasciavo andare in questo "accudimento" e ogni volta permettevo che fosse lei a fare qualcosa.

Una volta era il pranzo, oppure (anche non richiesta) la nonna veniva a rifare i letti, o a pulire casa, o anche per uscire la sera era comodo lasciare Giacomo con lei.
Ma così era troppo, troppa l'accondiscendenza con la quale io lasciavo fare e troppa l'invadenza nella nostra vita da parte dei nonni.

Gli aiuti sono utili, e menomale che ci sono, altrimenti non vivremmo più tra casa e lavoro e tutto il resto, ma i vostri figli devono sentire che voi ci siete per loro, che voi fate le cose per loro, che c'è amore in quello che fate.
Nei piatti che preparate, nel letto che gli rifate, nel pavimento che pulite. In tutti i gesti che voi fate ci siete voi e non delegate a nessun altro.

Date del tempo di qualità ai vostri figli, date più tempo che potete e metteci amore dentro.
Loro hanno bisogno di sentirlo e dove c'è lo percepiranno, garantito.

Dovete assolutamente sapere anche questo: chiedete scusa.

È importantissimo. Anche se loro non vorranno sentire, anche se replicheranno mille volte a ciò che voi state loro dicendo, spiegate sempre le vostre ragioni.
Raccontate loro come sono andate le cose.

Io e il mio ex marito abbiamo fatto un grande errore: quando ci siamo separati non abbiamo spiegato nulla a Giacomo e la cosa gli è capitata "tra capo e collo" senza che comprendesse realmente cosa stava accadendo.
Probabilmente è anche per questo che gli è venuto quel grave attacco di panico.
Forse si è sentito abbandonato dalla mamma vedendola andare via da casa e nessuno lo ha rassicurato dicendogli che non era così.
Di questo devo chiedere scusa a mio figlio. È qualcosa che se potessi, non ripeterei.
Quindi non fate come me, spiegate sempre tutto e chiedete scusa.
Ammettete i vostri errori. Non pensate di perdere di credibilità, anzi ne guadagnerete ai loro occhi.
Non perderete di autorità, anzi loro vi considereranno con molta più stima. Ammettete i vostri errori e chiedete scusa ai vostri figli anche se sono piccoli.

L'età non c'entra, anzi più sono piccoli e più sono recettivi per quel che riguarda le sensazioni e gli stati d'animo, e se voi andate da loro veramente contriti, loro lo percepiranno.
Credeteci.

RIEPILOGO DEL CAPITOLO 4:

SEGRETO n. 9: Ricreate l'armonia nel rapporto con i vostri figli attraverso qualcosa di inaspettato. Stupiteli.

SEGRETO n. 10: Non delegate e date del tempo di qualità ai vostri pargoli.

SEGRETO BONUS: Spiegate ogni piccola cosa e ciò che a voi può sembrare insignificante. I bambini potrebbero darsi mille spiegazioni e farsi mille film mentali, rimanendo sempre poi con il dubbio. Se voi glielo fugate in partenza, tutto sarà più semplice, per voi e per loro. Chiedete scusa se vi accorgete di avere sbagliato. Non sono troppo piccoli per capire.

Capitolo 5:
La svolta

Questi 10 segreti (più 2) e gli 8 consigli sono ciò che io ho provato personalmente in una situazione particolarmente difficile. E' ovvio che se voi vivete già una condizione meno problematica non è necessario utilizzarli tutti per arrivare ad una situazione di armonia, magari ne serve soltanto uno e, se è così, buon per voi.

La svolta è arrivata nel momento in cui mi sono resa conto che annegare in quel dolore non solo era negativo per me, ma anche per mio figlio Giacomo. Mi sono scrollata di dosso i pianti, i pensieri negativi, l'abbattimento e il vittimismo.
Mi sono fatta forza e mi sono accorta che dentro di me c'erano tutte le risorse di cui avevo bisogno. Erano lì, in uno scrigno, bisognava solo aprirlo con la chiave giusta.

Una cosa che ho riscontrato con i bambini e i ragazzi è che, quando si riveste un ruolo importante ai loro occhi, è da tener presente il fatto di riuscire ad accorciare le distanze pur rimanendo nel proprio ruolo.

Io con Giacomo (e anche con i miei studenti) ho smesso di essere autoritaria e sono diventata autorevole.

Perciò ho bandito i toni duri e secchi e il modo di fare di chi vuol stare a insegnare da un piedistallo e mi sono avvicinata, parlando da pari a pari. I ragazzi hanno bisogno di questo, è un modo per sentirsi rassicurati e capiti.

Ma hanno bisogno anche di sapere che voi siete "autorevoli", cioè qualcuno su cui possono contare e fare affidamento, qualcuno di valore. E come si fa ad acquistare autorevolezza ai loro occhi? Ascoltateli. Non mentitegli mai. Mantenete le vostre promesse. Non contradditevi, anche a distanza di tempo, loro se ne ricorderanno. Ecco che qui prende significato il mantenere la propria integrità per acquisire Potere Personale.

Il mio messaggio con questo libro è che c'è speranza per tutti, basta solo metterci l'impegno.

Attenzione: non voglio dire che quelli che sono nei guai e non trovano una strada non si mettano d'impegno, no! Anzi, sono

quelli che faticano di più, perché una volta che hai trovato la strada è tutto facile, invece quando non sai "che pesci pigliare", ci metti tutto l'impegno possibile, fai tanta fatica e non hai risultati, non ottieni nulla.
Pertanto capisco benissimo quella sensazione, quella situazione, perché ci sono passata anch'io.
Sto dicendo che bisogna trovare il modo, e per farlo, bisogna riuscire a far tacere la mente e ascoltarsi.
Ed è un passo difficile, ma da lì parte tutto.

Ascoltare se stessi ma anche gli altri.
Cercare di capire come ci vedono gli altri, che cosa si aspettano da noi; anche quando non ce lo dicono, cercare di arrivare un po' nella loro testa. Non è facile ma ci si può riuscire. Ascoltare il cuore.

Una volta che ci siamo fermati un attimo e abbiamo eliminato il chiacchiericcio della mente e le influenze esterne di tutti quanti abbiamo attorno; quando siamo fermi nella nostra camera, nel nostro letto, nella solitudine anche di pochi minuti, cercare di ascoltare il proprio cuore, chiudere gli occhi e andare a trovare la verità.

Perché il nostro cuore ci dice la verità.

In che modo farlo? Ognuno può provarci in tante maniere diverse.
Io sono ricorsa alla meditazione, che praticavo già anche prima.
Ho trovato del tempo per pensare. L'ho fatto seguendo percorsi di crescita personale fra i tanti a disposizione.

Mia mamma, a seguito di eventi dolorosi che le sono accaduti, si è affidata alla preghiera e alla fede cieca e indiscussa nell'Onnipotente.
Altri possono partecipare a gruppi di ascolto, confrontandosi con altre persone.

Ognuno ha il proprio modo, ma la cosa uguale per tutti è che tutti lo possiamo fare, siamo in grado e possiamo ricevere le risposte vere che ci aiuteranno.
Come sono le risposte, come le troviamo? Sono sensazioni, intuizioni, idee che ci vengono che noi sappiamo essere giuste, senza bisogno di controprove.
Nessuno ce l'ha detto, non abbiamo la prova matematica che

siano quelle esatte, ma noi lo sappiamo.

Io adesso so che mio figlio ora mi vuole, lo vedo, lo sento, lo percepisco, anche quando mi risponde male.

So quando insistere e quando lasciare andare. È differente, ma come sono riuscita a far cambiare tutto questo?

È stato un percorso lungo e di sofferenza, ci sono voluti pazienza, impegno e fatica, ma ce l'ho fatta.

C'è ancora ovviamente tanta strada da percorrere ma il sentiero giusto l'ho imboccato.

Perciò davvero tutti possiamo riuscirci perché io non avevo nessuno strumento, nessun aiuto, ero completamente sola e ho raddrizzato il tiro man mano che le cose si sono messe a posto.

Sono andata per tentativi ed errori.

Se ci succede una cosa probabilmente è perché abbiamo bisogno di apprendere una lezione da quell'avvenimento, quindi è giusto anche sbagliare e correggere.

Ovviamente, perché siamo qua per imparare.

E, anche se a oggi ci sono ancora un sacco di cose da mettere a posto con mio figlio Giacomo, e molti problemi ancora certamente nasceranno, posso dire di essere felice del percorso che abbiamo affrontato fino a ora.

Se penso a come stavamo subito dopo la separazione, posso affermare che oggi è quasi una vacanza.

C'è ancora molto su cui lavorare, molto da percorrere, ma insieme ce la faremo. Perché per me lui è il mio cuore e io lo amo con tutto l'Amore che una madre può provare per il proprio figlio, e lui, anche se lo negherà fino alla morte, so che mi vuole bene.
Lo percepisco dalle piccolissime cose, da come mi cerca quando stiamo entrambi leggendo, viene in automatico a sedersi vicino a me o a stendersi nel lettone accanto a me. Anche se poi quando mi avvicino mi dice: «Vai via! E non mi toccare».

Lo percepisco da come ricerca il contatto fisico con la pretesa di fare i dispetti o cercare di affermarsi fisicamente con la forza. Sono giochi sfinenti (e altro che palestra, non ne ho più bisogno!), in cui ci corriamo dietro per casa per motivi stupidi, come prendere il mio cellulare o l'evidenziatore dall'astuccio, ma in quei momenti il mio cuore gode perché ritrovo un po' la complicità che avevamo prima.

Vi voglio dare però, ancora il Segreto dei segreti:
Migliorare la comunicazione con l'altro genitore.
Questo è un grande passo da fare, ma fondamentale.
Da quando io e il papà di Giacomo abbiamo smesso di litigare ogni volta che ci vedevamo o ci sentivamo al telefono, abbiamo cominciato a stare meglio anche io e Giacomo.
Abbiamo ritrovato il bene che ci lega, lui ha ripreso a lasciarsi baciare, amare, viziare e tutto quello che dovrebbe fare una mamma con il figlio.

Per arrivare a questo i vostri figli devono percepire che tra di voi non ci sono tensioni. Lo so che è difficile ma vale la pena provarci e ci si può riuscire. È questione di tempo, pazienza (tanta) e sapere quali passi fare.

Se il vostro ex marito vi risponde male e vi dice solo cattiverie, come è successo a me, mantenete la calma, ma se vi viene da rispondere a vostra volta, pazienza.
Lasciate passare qualche ora e poi fatevi sentire, magari con un messaggio perché al telefono rischiate che lui vi parli sopra e ve

lo chiuda in faccia, proprio come faceva il mio ex marito.

Siate gentili e ribadite quanto siete dispiaciute per la situazione di litigio, senza prendervi la colpa, anzi mostrategli comprensione.

Ricalcate il suo comportamento, non nell'aggressività, ma ditegli che lo capite se ha perso le staffe perché anche voi, come lui, vi siete innervositi ed avete risposto male.

Siate proprio "la maestrina" o "il prete" che con tutto il loro aplomb spiegano la situazione e i suoi risvolti.

Dite che anche voi siete persone umane e quindi, senza alcuna cattiveria, purtroppo vi è capitato questo momento difficile.

Fate trasparire quanto siete addolorati e siate fermamente convincenti nel voler portare la pace e introdurre un momento di tregua tra di voi, portandogli le motivazioni.

Ovviamente lo dovete pensare davvero, non deve essere una finta, altrimenti non servirà a niente.

Potete fargli notare quanto tutto è più semplice se riuscite a dialogare con calma e senza litigi, e quanto sono migliori le decisioni che prendete.

In più chi ne gioverà sicuramente sarà vostro figlio, che sentirà che non c'è più quell'elettricità che c'era prima.

Se riuscite a fare questo, se riuscite a sintonizzarvi sulla sua frequenza, vedrete che a poco a poco sarete voi a portarlo sulla vostra e sarà lui a seguire voi.
Ripeto, non è semplice né immediato, ma dei piccolissimi passi alla volta possono portare a dei risultati.

Non sono una psicologa e non pretendo di sostituirmi ad essa, quello che vi trasmetto è semplicemente ciò che per me è stato utile e ha portato a dei miglioramenti, piccoli o grandi.
E quando ho raccontato la mia esperienza ad altre persone, mi hanno dato dei feedback positivi.

Un giorno, parlando con Enea, un amico, del mio libro e di come l'avrei sviluppato, a un certo punto del racconto lui mi dice: «Caspita, mi è venuta la pelle d'oca perché ho attraversato recentemente un periodo in cui ho vissuto la separazione e mi sono sentito molto tirato in mezzo perché amo i miei figli, ma non riesco a vederli come vorrei. Però c'è da dire che con lei ho mantenuto degli ottimi rapporti quindi non ho alcun problema dal punto di vista di comunicazione con l'ex-coniuge. Io l'amo ancora e credo che anche lei mi ami ma non lo posso dire con certezza».

E così ho pensato che i consigli e i segreti che io ho usato per riallacciare un rapporto con mio figlio, possano essere benissimo impiegati per fare la stessa cosa il coniuge con il quale siamo in rotta. Perché alla fine, si tratta solo di amore, di dimostrazioni di amore nelle più varie forme, ma l'essenza resta sempre la stessa. La pazienza, la dolcezza, i gesti carini, le sorprese… ecc.

Era una cosa alla quale io non pensavo, ma mano a mano che parlavo, vedevo lui sempre più interessato e che trovava utile quello che gli stavo dicendo. Cercate di mantenervi nell'Amore, che è un dare e ricevere. Dall'odio non nasce nulla, se voi siete in Amore, riuscirete ad avere quei momenti di chiarezza che saranno cruciali per prendere le giuste decisioni e pronunciare le giuste frasi.

RIASSUNTO DEL CAPITOLO 5:

SEGRETO DEI SEGRETI: Avere una comunicazione pacifica con l'altro genitore. Ciò si rifletterà anche sulla relazione con i vostri figli.

- Consiglio n.7: Smettete di essere autoritari per diventare autorevoli.

Conclusione

Io penso che noi veniamo al mondo per uno scopo e forse il mio era quello di passare tutte queste vicissitudini e questi dolori per poter manifestare, esprimere e comunicare agli altri che tutto questo si può superare, che anche le cose più difficili, i problemi che sembrano senza via di scampo e senza via d'uscita hanno una soluzione.

Basta trovare la giusta via, basta imboccare il sentiero giusto e per imboccarlo dobbiamo stare molto in ascolto di noi stessi, è fondamentale. Di conseguenza tutto ci girerà intorno perché in base a come siamo noi il mondo ci risponde.

Quello che vi auguro è che possiate anche voi trovare lo spiraglio di luce che vi faccia attraversare quella porta che vi separa dai vostri figli, e anche se ogni tanto rimane socchiusa, sappiamo che possiamo sempre entrare, nei momenti giusti.

Anche se le bufere ci saranno, sappiamo che sono momentanee e passeranno.

Vi voglio lasciare con un pensiero di Neale Donald Walsh, l'autore di *Conversazioni con Dio*, pensando ai momenti bui, a quelli di tristezza e litigio, di rabbia, quando non sapete cosa fare e come comportarvi.

Semplicemente chiedetevi: «Che cosa farebbe ora l'Amore»?

Quale sarebbe l'azione successiva dettata solamente dal puro e semplice Amore? Se lasciassi indietro tutto, tutta la rabbia, i risentimenti, le cose cattive dette e ricevute, quando vostro figlio non vi vuole, si ribella e vi disprezza anche... insomma cos'è che farebbe il vostro cuore istantaneamente, senza pensare e senza aspettarsi nulla in cambio?

Se ti è piaciuto questo libro ti chiedo di farmi una bella recensione a cinque stelle su Amazon. Ti ringrazio tanto, perché è molto importante per me sapere cosa ne pensi.

Inoltre, se hai piacere ad entrare in contatto con me, puoi trovarmi qui:

Blog
www.tuttoilbello.blogspot.com

Sito web
www.mammaseparata.it

Gruppo Facebook
https://www.facebook.com/groups/2037592473195740/about/

Canale YouTube
https://www.youtube.com/user/manuelap22

Pagina Facebook
https://www.facebook.com/manuelapiamammaseparata/

Un abbraccio di luce.
Manuela Pia

Ringraziamenti

Ringrazio di cuore Giacomo Bruno e tutto lo staff di Numero1 per avermi dato la possibilità di esprimere il mio potenziale e avermi supportata lungo tutto il percorso di scrittura di questo libro.

Siamo stati un po' come una grande famiglia e il gruppo che si è venuto a creare con gli altri Autori è stato un gruppo compatto e solidale ed è stato come tornare ai tempi della scuola a far parte di una classe affiatata.

Ringrazio la mia amica del cuore Alessandra Mighetto che mi ha aiutata a pensare quando ne avevo bisogno e ha discusso con me tutte le idee balzane che mi venivano in testa.

Un grazie anomalo ma dovuto, va alla mia gatta, Perlina, che mi ha fatto da musa ispiratrice con le sue pose plastiche e da valido fattore distraente, quando il clima diventava pesante, durante le sessioni di scrittura.

E un ultimo grazie devo dirlo, va a ME STESSA per essere riuscita a mettermi in gioco e a risorgere dalle mie ceneri come l'Araba Fenice.

Brava Manuela, sii fiera di te stessa perché hai raggiunto risultati che qualche tempo fa neanche potevi immaginare.

www.ingramcontent.com/pod-product-compliance
Lightning Source LLC
Chambersburg PA
CBHW070512090426
42735CB00012B/2751